反电信
网络诈骗知识

王　飞◎编著

应急管理出版社

图书在版编目（CIP）数据

反电信网络诈骗知识／王飞编著. -- 北京：应急管理
出版社，2024

ISBN 978 - 7 - 5237 - 0440 - 0

Ⅰ.①反…　Ⅱ.①王…　Ⅲ.①电信—诈骗—预防犯罪—
基本知识—中国 ②互联网络—诈骗—预防犯罪—基本知识—
中国　Ⅳ.①D924.33

中国国家版本馆 CIP 数据核字（2024）第 026010 号

反电信网络诈骗知识

编　著	王　飞
责任编辑	郭浩亮
封面设计	中北传媒

出版发行　应急管理出版社（北京市朝阳区芍药居35号　100029）
电　　话　010 - 84657898（总编室）　010 - 84657880（读者服务部）
网　　址　www.cciph.com.cn
印　　刷　艺通印刷（天津）有限公司
经　　销　全国新华书店

开　　本　710mm×1000mm¹/₁₆　印张　8　字数　96千字
版　　次　2024年3月第1版　2024年3月第1次印刷
社内编号　20221669　　　　　　定价　29.80元

前言 *Preface*

近些年来，随着我国网信事业的蓬勃发展，电信网络诈骗也呈高发态势，犯罪手法层出不穷，令人防不胜防。电信网络诈骗造成的恶劣社会影响，给社会稳定和群众财产甚至生命安全都带来严重威胁。如何有效防范、打击电信网络诈骗已成为公安机关的工作重点，更是难点。正确引导人民群众全面了解、认识电信网络诈骗的"本来面目"，并积极参与到反电信网络诈骗行列中，已经显得十分迫切。

电信网络诈骗之所以猖獗，有三方面的原因：电信网络诈骗犯罪嫌疑人抓住被害人的心理弱点，使用多种手段有针对性地实施诈骗；犯罪成本低，非法获利高；电信网络诈骗犯罪嫌疑人利用电话、短信、互联网等媒介与受害者联系，犯罪行为隐蔽性强，侦破难度大。犯罪嫌疑人作案成功后，一般通过网络或转账等方式迅速转移赃款，获取直接证据比较难，难以形成证据链。

有效打击和预防电信网络诈骗，需要有关部门密切配合，实现跨行业、跨地域协同配合、快速联动；强化技术反制，建立对涉诈网站、APP及诈骗电话、诈骗短消息处置机制；加大对网络诈骗犯罪的宣传力度，提高人民群众对不法分子诈骗伎俩的识别能力和预防能力。

广大人民群众要通过多种渠道了解各类预防电信网络诈骗知识，熟知电信网络诈骗的新特点、诈骗分子使用的新套路，掌握防骗技能；要借助国家反诈中心APP等预警反诈手段，对陌生电话等提高警惕，不轻信、不转账。遇到可疑情况，要第一时间向相关部门求证、求助，保护自身合法权益。

目 录 *Contents*

第一章　认识电信网络诈骗

第二章　防范电信网络诈骗

第三章 参与电信网络诈骗斗争

第四章　知晓法律法规

第一章 认识电信网络诈骗

第一节 什么是电信网络诈骗

一、电信网络诈骗

电信网络诈骗是犯罪分子以非法占有为目的，利用移动电话、固定电话、互联网等通信工具，采取远程、非接触的方式，通过虚构事实诱使受害人往指定的账号打款或转账，骗取他人财物的一种犯罪行为。

近年来，利用通信、互联网等技术手段实施的电信网络诈骗犯罪活动持续高发，此类犯罪严重侵害人民群众财产安全和其他合法权益，严重干扰电信网络秩序，严重破坏社会诚信，严重影响人民群众安全感和社会和谐稳定，社会危害性大，人民群众反映强烈。

2021年1月至9月，全国公安机关共破获电信网络诈骗案件26.2万起，抓获犯罪嫌疑人37.3万名，紧急止付涉案资金2 770亿元；拦截偷渡出境人员1.9万名，教育劝返境外高危涉诈人员6.9万名；破获刑事案件4 160起，抓获犯罪嫌疑人33 860名。电信网络诈骗犯罪得到了有效遏制，但形势依旧不容乐观。受公安机关加强打击的影响，电信网络诈骗犯罪分子和团伙转移到东南亚地区的一些国家，这些国家的一些地方成为境外电信网络诈骗团伙的主要集聚地，公安机关出境打击受限，在境外实施电信网络诈骗的案件快速增长。

电信网络诈骗已经成为社会公害，人民群众深恶痛绝。在一起起触目惊心的网络诈骗案背后，隐藏的其实是庞大而完整的黑色产业链条。恶意软件编写、漏洞售卖、数据窃取、个人信息倒卖、分赃销赃，环环相扣、分工明确，并且大多数的网络诈骗分子都具备"专业"素质，作案手段和方式越发让人防不胜防。比如，利用互联网虚拟事实或者隐瞒事实的真相骗取数额较大的公私财物，致使大量网民在毫无察觉下深受其害。深入审视电信网络诈骗的本质，我们不难发现，涉嫌诈骗的不法分子道德品质低下，传统价值观缺失，唯利是图，精神上已病入膏肓，而这也是根除电信网络诈骗需要下猛药、出重拳的症结所在。

二、认识当前电信网络诈骗的主要骗术

尽管近年来有关部门不断加大打击力度，但电信网络诈骗犯罪仍呈愈演愈烈之势，很多群众的"养老钱""救命钱"被骗，轻则钱财损失，重则家破人亡；有的企业资金被骗，破产倒闭，引发群体性事件。公安部公布资料显示，目前高发的十类电信网络新型违法犯罪手段包括：冒充熟人诈骗、假冒公检法诈骗、利用伪基站发送木马链接诈骗、刷单诈骗、冒充电商客服诈骗、虚假购物诈骗、校园贷诈骗、投资返利诈骗、引诱裸聊敲诈勒索、保健品购物诈骗。在此，列举其中几种典型案例，提醒社会公众谨防上当受骗。

骗术1 冒充熟人诈骗

不法分子通过非法渠道，获得受害人熟悉的亲友的手机号码、社交账号密码，掌握受害人的社会关系，从而骗取信任，进而编造"发生意外急需用钱""资金周转""代缴话费"等理由，诱使受害人转账。

防骗提醒 凡是亲友间涉及借款、汇款等问题，一定要通过拨打对方常用号码或者视频聊天等方式，核实对方身份后再作决定。

骗术2 假冒公检法诈骗

不法分子假冒"警官""检察官""法官"等角色，谎称受害人涉嫌

洗钱、贩毒等严重犯罪，诱导受害人将资金转入实为诈骗分子持有的所谓"安全账户"，此类诈骗造成的损失金额通常较大。

防骗提醒 警方办案时不会通过电话做笔录，逮捕证由警方在逮捕现场出示，不会通过传真发放，更不会在网上查到。公检法机关从未设立所谓的"安全账户"，更不会通过电话安排当事人转账汇款到"安全账户"。

> 我是警察，经调查你涉嫌洗钱，请将资金转入安全账户×××××××××××××

骗术 3　利用伪基站实施诈骗

不法分子使用伪基站，冒用银行、运营商等客服电话号码发送短信给受害人，以账户积分兑换奖品等为由诱导点击短信中的木马链接。用户一旦点击，犯罪嫌疑人就能在后台获取用户的银行账户信息和密码，进而盗取其账户资金。

防骗提醒 当收到"银行卡密码升级""积分兑换""中奖"等含有链接的短信时，要通过银行、运营商的官方网站或客服电话进行核实，不要轻易点击短信中的链接。

骗术 4　刷单诈骗

不法分子通过电话、短信、网络社交平台等渠道发布刷单赚钱任务，承诺不要本金、不用垫付，让受害人先赚几笔小钱，获取信任。随后，诈骗分子会引诱受害人下载虚假刷单APP，反复转账垫资做任务。当受害人完成任务想要提现时，就会遇到重重障碍，诈骗分子诱导受害人加大投入，从而骗取更多资金。一旦受害人意识到被骗，诈骗分子就会拉黑受害人。

防骗提醒 网络刷单是违法行为，拒绝参与一切刷单行为，凡是要先充值或垫付资金的刷单都是诈骗。

骗术5　冒充电商客服退款理赔诈骗

不法分子冒充电商平台客服，谎称买家网购的商品出现问题，以退款、理赔、补贴邮费等理由，要求买家添加自己的微信、QQ，并让买家下载具有"屏幕共享"功能的APP，然后通过远程操作，骗取买家的银行卡号、密码、手机验证码，将买家卡里的资金全部转走。

防骗提醒　正规的网络平台客服进行退款退货，钱款会由支付渠道原路退回，不会要买家提供银行卡号并索取验证码。

> 您在平台购买的衣服有瑕疵，我们可以给您办理赔偿！

骗术6　虚假购物诈骗

不法分子在网络平台上发布出售低价商品的信息，当客户产生购买意愿后，诈骗分子会添加客户的微信或QQ，私下谈价。然后诈骗分子会向客户发送付款链接，客户付款后，发现对方并未发货，诈骗分子会重新伪装成平台客服，以收取"定金""保证金"等理由，诱骗客户反复转账。

防骗提醒 通过正规网购平台购买商品、寻求生活服务时，请严格遵守平台交易流程，不脱离平台私下交易，切记不要点击陌生链接，或者将钱款直接转给对方。

骗术 7 校园贷诈骗

校园贷诈骗主要有三种：用"免抵押、低利息"为诱饵诱导学生贷款，要求缴纳贷款手续费、管理费、保证金等费用；声称能通过培训提高综合技能，夸大培训效果，要求学生签订培训合同，诱导学生贷款支付学费；与兼职诈骗结合，要求学生贷款购买手机等产品做"销售代理"，贷款的利息和滞纳金很高，学生如不能如期还款，将迅速背上难以承受的债务压力。

防骗提醒 学生申请借款或分期购物时，要衡量自己是否具备还款能力。对于关乎自身信息、财产安全的事，要多方求证，不要轻易相信他人的一面之词，轻易透露个人信息，甚至将身份证借与他人使用。如果发现危险，应及时报警。

骗术 8　投资返利诈骗

此类骗局通常标榜具有海外背景，从事的行业能赚取巨额利润，投资者将获得高额投资回报。投资初期，犯罪分子会按时返利，让投资者尝到甜头，但投资者继续追加投资后，将血本无归。

防骗提醒 投资理财前，要对所投资项目多咨询评估，做到深思熟虑，谨慎对待。特别要警惕网络上各类标榜"低投入、高收益、无风险"的投资理财项目，切勿盲目追求高息回报，谨防被骗。

骗术 9　引诱裸聊敲诈勒索

不法分子非法获得受害人信息后，通过社交软件建立联系，步步引诱受害人"裸聊"，从而获取受害人不雅照片、视频进行敲诈。

防骗提醒 应远离网络不良行为，不向陌生人泄露个人身份和家庭等敏感信息。

骗术 10　保健品购物诈骗

不法分子假扮医疗机构的顾问、专家、教授等，以为老年人问诊为名夸大病情，再以会员登记、免费体验、国家补贴、中奖等噱头诱骗客户购买各类"保健品"。而这些"保健品"都是粗制滥造，成本低廉却高价出售。

防骗提醒 经常给家中老人说一些老人被诈骗的例子，让他们不要相信保健品推销，一旦发现受骗，要立即报警。

不法分子在实施电信网络诈骗时，分工细致、配合严密、环环相扣。有效打击电信网络诈骗，既需要国家权力机关的重拳出击，也需要人民群众的主动发现、积极配合。

第二节　电信网络诈骗实施手段

电信网络诈骗的类型主要包括电话诈骗、网络诈骗和短信诈骗三类。近年来公安机关破获的电信网络诈骗案件统计资料显示，在目前常见的几十种电信网络诈骗手法中，电话诈骗占 63.3%，网络诈骗占 19.6%，短信诈骗占 14.8%。

一、冒充相关人员实施诈骗

（1）微信、QQ 冒充好友诈骗。利用木马程序盗取手机用户微信、QQ 密码，截取对方聊天视频资料，熟悉对方情况后，冒充该账号主人对其好友以"患重病、出车祸""急需用钱"等紧急事情为由实施诈骗。

【案例】

　　王先生从事金融基金生意。一天，他在上网QQ聊天时，发现有人向他发来了一个添加QQ好友的请求，通过头像以及昵称辨认，原来是生意拍档"李某"。王先生当即将其加为好友。数小时后，"李某"发来信息提出借款230万元，并要王先生直接转入他提供的账号中。"由于生意往来，我原本就要给他转账的。在当天凌晨时我就转过两笔，总额是400多万元。只是这次他临时变换了账号。"王先生说。王先生由于前两次转账都很顺利，而且致电李某时，对方都回复已经收到，因此，当天中午12时48分，当"李某"提出再次转账时，王先生二话没说立即通过网银向其汇去了230万元。但是，汇款后不久，王先生接到了李某的电话，顺便聊起借钱的事，李某声称刚刚并没有上网向其借钱，这时王先生才意识到被骗了。

　　（2）微信、QQ冒充公司老总诈骗。不法分子通过搜索财务人员微信或QQ群，以"会计资格考试大纲文件"等为诱饵发送木马病毒，盗取财务人员微信或QQ号码，并分析研判出财务人员所在公司老板的微信或QQ，再更换成和老板相同的头像图片，冒充公司老板向财务人员发送转账汇款指令。

　　（3）微信伪装身份诈骗。不法分子利用微信"附近的人"查看周围朋友情况，伪装成"高富帅"或"白富美"，与受害人加为好友骗取感情和信任后，随即以资金紧张、家人有难等各种理由骗取钱财。

　　（4）冒充知名企业中奖诈骗。不法分子冒充华为、海尔等知名企业，预先大批量印刷精美的虚假中奖刮刮卡，通过信件邮寄或雇人投递发送，后以需交手续费、保证金或个人所得税等各种借口，诱骗受害人向指定银行账号汇款。

（5）冒充公检法电话诈骗。不法分子冒充公检法工作人员拨打手机用户电话，以用户身份信息被盗用涉嫌洗钱等犯罪为由，要求将其资金转入"安全账户"配合调查。

（6）冒充房东短信诈骗。不法分子冒充房东群发短信，称房东银行卡已换，要求将租金打入其他指定账户内，部分租客信以为真将租金转出方知受骗。

（7）电话欠费诈骗。不法分子冒充通信运营商工作人员，向事主拨打电话或直接播放电脑语音，以其电话欠费为由，要求将欠费资金转到指定账户。

（8）电视欠费诈骗。不法分子冒充广电工作人员群拨电话，称以用户名义在外地开办的有线电视欠费，让用户向指定账户补齐欠费，否则将停用其本地的有线电视并罚款，有人信以为真，转款后发现被骗。

（9）退款诈骗。不法分子冒充淘宝等公司客服拨打电话或者发送短信谎称受害人拍下的货品缺货，需要退款，要求购买者提供银行卡号、密码等信息，实施诈骗。

（10）快递签收诈骗。不法分子冒充快递人员拨打事主电话，称其有快递需要签收，但看不清具体地址、姓名，需提供详细信息便于送货上门。随后送上物品（假烟或假酒），一旦事主签收，不法分子就拨打电话称其已签收必须付款，否则讨债公司或黑社会性质组织将找其麻烦。

（11）医保、社保诈骗。不法分子冒充社保、医保中心工作人员，谎称受害人医保、社保出现异常，可能被他人冒用、透支，涉嫌洗钱、制贩毒等犯罪，之后冒充司法机关工作人员以公正调查、便于核查为由，诱骗受害人向所谓的"安全账户"汇款实施诈骗。

（12）补助金、救助金、助学金诈骗。不法分子冒充民政、残联等部门和单位工作人员，向残疾人员、困难群众、学生家长打电话、发短信，谎称可以领取补助金、救助金、助学金，要其提供银行卡号，然后以资金到账查询为由，让其在自动取款机上进入英文界面操作，将钱转走。

（13）冒充黑社会性质组织敲诈类诈骗。不法分子先获取事主身份、职

11

业、手机号等资料，拨打电话自称黑社会性质组织人员，以人身安全威胁事主，但说可以破财消灾，然后提供账号要求受害人汇款。

（14）收藏诈骗。不法分子以各类收藏协会的名义，印制邀请函邮寄各地，称将举办拍卖会并留下联络方式。一旦事主与其联系，则以预先缴纳评估费、保证金、场地费等名义，要求受害人将钱转入指定账户。

（15）机票改签诈骗。不法分子冒充航空公司客服以"航班取消、提供退票、改签服务"为由，诱骗购票人员多次进行汇款操作，实施连环诈骗。

（16）解除分期付款诈骗。不法分子通过专门渠道购买购物网站的买家信息，再冒充购物网站的工作人员，声称"由于银行系统错误"，买家一次性付款变成了分期付款，"每个月都得支付相同费用"，之后再冒充银行工作人员诱骗受害人到 ATM 机前办理解除分期付款手续，实则实施资金转账。

二、编造虚假服务实施诈骗

（1）微信假冒代购诈骗。不法分子在微信朋友圈假冒正规微商，以优惠、打折、海外代购等为诱饵，待买家付款后，又以"商品被海关扣下，要加缴关税"等为由要求买家加付款项，一旦获取购货款则失去联系。

（2）微信盗用公众账号诈骗。不法分子盗取商家公众账号后，发布"诚招网络兼职，帮助淘宝卖家刷信誉，可从中赚取佣金"的推送消息。受害人信以为真，遂按照对方要求多次购物刷信誉，后发现上当受骗。

（3）虚构色情服务诈骗。不法分子在互联网上留下提供色情服务的电话，待受害人与之联系后，称需先付款才能上门提供服务，受害人将钱打到指定账户后发现被骗。

（4）虚构车祸诈骗。不法分子虚构受害人亲属或朋友遭遇车祸，以需要紧急处理交通事故为由，要求对方立即转账。因情况紧急，当事人便会按照犯罪嫌疑人指示将钱款打入指定账户。

（5）虚构绑架诈骗。不法分子虚构受害人亲友被绑架，通知受害人如要解救人质需立即打款到指定账户并不能报警，否则"撕票"。受害人往往因情况紧急，不知所措，会按照犯罪嫌疑人指示将钱款打入指定账户。

（6）虚构手术诈骗。不法分子虚构受害人子女或父母突发急病，以需紧急手术为由，要求事主转账方可治疗。遇此情况，受害人往往心急如焚，会按照犯罪嫌疑人指示转款。

（7）复制手机卡诈骗。不法分子群发信息，称可复制手机卡，监听手机通话信息，不少群众因个人需求主动联系嫌疑人，继而被对方以购买复制卡、预付款等名义骗走钱财。

（8）钓鱼网站诈骗。不法分子以银行网银升级为由，要求事主登录假冒银行的钓鱼网站，进而获取事主银行账户、网银密码及手机交易码等信息实施诈骗。

【案例】

以工商银行的95588客服电话为例，电信网络诈骗中收到的短信并非工商银行官方短信，而是不法分子通过伪基站发送的。如右图所示。

这种伪基站可以强制将其周围数十米内的手机用户"抓取"到自己的网络中，然后可模仿任意号码将广告、诈骗类短信群发给这些手机用户。由于伪基站便于携带，可以放在车里随走随发，成本低廉，因此常被用来群发广告和诈骗短信。

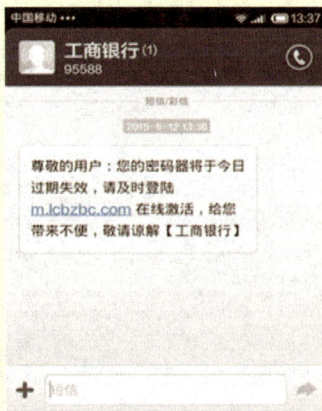

通过伪基站模仿银行的官方号码发送诈骗短信可以取得受害人的信任，而短信中一般会加入一个与银行官方网址十分类似的钓鱼网址（如右图所示），受害人只要根据网址提示输入银行账号、密码，钓鱼网址会立即记下账号、密码，然后第一时间发送给不法分子，不法分子通过该账号、密码完成转账和盗刷。

冒充工行客服 95588 的诈骗流程如下：

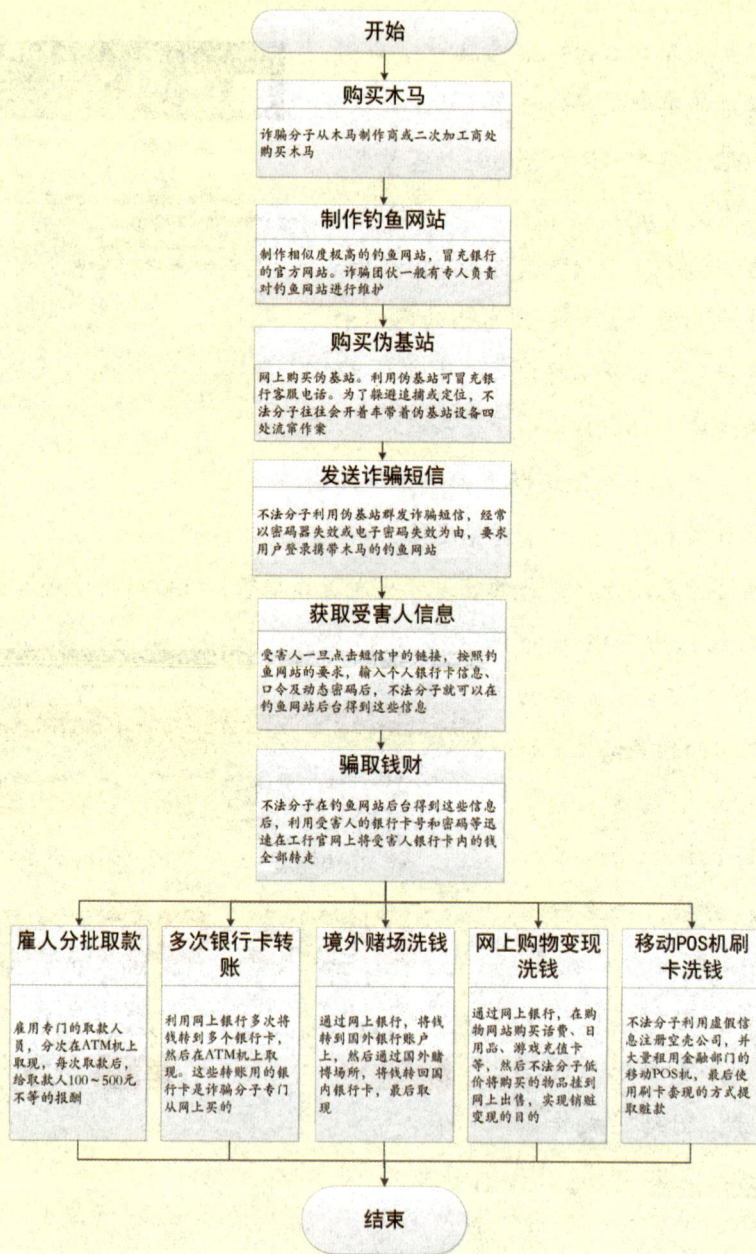

```
                        ┌──────────────┐
                        │     开始      │
                        └──────┬───────┘
                               │
                        ┌──────┴───────┐
                        │   购买木马    │
                        ├──────────────┤
                        │ 诈骗分子从木马制作│
                        │ 商或二次加工商处 │
                        │ 购买木马       │
                        └──────┬───────┘
                               │
                        ┌──────┴───────┐
                        │  制作钓鱼网站  │
                        ├──────────────┤
                        │ 制作相似度极高的 │
                        │ 钓鱼网站，冒充银行│
                        │ 的官方网站。诈骗团│
                        │ 伙一般有专人负责 │
                        │ 对钓鱼网站进行维护│
                        └──────┬───────┘
                               │
                        ┌──────┴───────┐
                        │   购买伪基站   │
                        ├──────────────┤
                        │ 网上购买伪基站。利│
                        │ 用伪基站可冒充银 │
                        │ 行客服电话。为了躲│
                        │ 避追捕或定位，不 │
                        │ 法分子往往会开着车│
                        │ 带着伪基站设备四 │
                        │ 处流窜作案      │
                        └──────┬───────┘
                               │
                        ┌──────┴───────┐
                        │  发送诈骗短信  │
                        ├──────────────┤
                        │ 不法分子利用伪基站│
                        │ 群发诈骗短信，经常│
                        │ 以密码器失效或电子│
                        │ 密码失效为由，要求│
                        │ 用户登录携带木马的│
                        │ 钓鱼网站       │
                        └──────┬───────┘
                               │
                        ┌──────┴───────┐
                        │ 获取受害人信息  │
                        ├──────────────┤
                        │ 受害人一旦点击短信│
                        │ 中的链接，按照钓 │
                        │ 鱼网站的要求，输入│
                        │ 个人银行卡信息、 │
                        │ 口令及动态密码后，│
                        │ 不法分子就可以在 │
                        │ 钓鱼网站后台得到这│
                        │ 些信息         │
                        └──────┬───────┘
                               │
                        ┌──────┴───────┐
                        │   骗取钱财    │
                        ├──────────────┤
                        │ 不法分子在钓鱼网站│
                        │ 后台得到这些信息 │
                        │ 后，利用受害人的银│
                        │ 行卡号和密码等迅 │
                        │ 速在工行官网上将受│
                        │ 害人银行卡内的钱 │
                        │ 全部转走        │
                        └──────┬───────┘
                               │
      ┌──────────┬──────────┼──────────┬──────────┐
```

雇人分批取款	多次银行卡转账	境外赌场洗钱	网上购物变现洗钱	移动POS机刷卡洗钱
雇用专门的取款人员，分次在ATM机上取现，每次取款后，给取款人100～500元不等的报酬	利用网上银行多次将钱转到多个银行卡，然后在ATM机上取现。这些转账用的银行卡是诈骗分子专门从网上买的	通过网上银行，将钱转到国外银行账户上，然后通过国外赌博场所，将钱转回国内银行卡，最后取现	通过网上银行，在购物网站购买话费、日用品、游戏充值卡等，然后不法分子低价将购买的物品挂到网上出售，实现销赃变现的目的	不法分子利用虚假信息注册空壳公司，并大量租用金融部门的移动POS机，最后使用刷卡套现的方式提取赃款

```
      └──────────┴──────────┬──────────┴──────────┘
                     ┌──────┴───────┐
                     │     结束      │
                     └──────────────┘
```

第一步，网上购买木马病毒。

第二步，制作相似度极高的钓鱼网站，冒充银行的官方网站，并在该钓鱼网站植入木马病毒。不法团伙一般有专人负责对钓鱼网站的维护。

第三步，网上购买伪基站。利用伪基站发送来的短信，可以冒充银行客服电话。目前，从技术上来说，通信运营商能够在一定区域内发现伪基站的行踪，但要锁定位置很难，即使伪基站不移动，至少也要三四个小时。

第四步，利用伪基站发送诈骗短信，常见的诈骗短信内容如下：

尊敬的工行用户，你的工行密码器于今日失效过期，请登录我行网站www.××××××.com升级激活，给您带来的不便敬请谅解。工商银行

尊敬的客户，您的工行电子银行卡将于次日过期，请您尽快登录××网站进行升级，网址为www.××××××.com。工商银行

第五步，受害人收到冒充工行客服95588发来的短信，点击短信中的链接，按照链接中的要求，输入个人银行卡信息、口令及动态密码。

第六步，不法分子利用植入钓鱼网站的木马，在网站后台得到上述信息，迅速在工行官网上将被害人银行卡内的钱全部转走。这里转钱兑现的方式有如下几种：

● 不法分子将钱转到一张专门用于诈骗的银行卡，该银行卡一般是不法分子从网上买来的。然后雇用专门的取款人员，分次在ATM机上取现，每次取款后，给取款人100～500元不等的报酬。

● 利用网上银行多次将钱转到多个银行卡，然后在ATM机上取现。这些转账用的银行卡，是不法分子专门从网上买的，通过这些银行卡信息根本不能确定不法分子的身份。

● 通过网上银行，将钱转到国外银行账户上，然后通过国外赌博场

所，将钱转回国内银行卡，最后取现。

● 通过网上银行，在购物网站购买话费、日用品、热点旅游景点门票、游戏充值卡等，然后诈骗分子可以通过低价将购买的物品挂到网上出售，实现销赃变现的目的。

● 诈骗分子利用虚假信息注册空壳公司，并大量租用金融部门的移动 POS 机，最后使用刷卡套现的方式提取赃款。

（9）订票诈骗。不法分子利用门户网站、旅游网站、百度搜索引擎等投放广告，制作虚假的网上订票公司网页，发布订购机票、火车票等虚假信息，以较低票价引诱受害人上当。随后，再以"身份信息不全""账号被冻结""订票不成功"等理由要求事主再次汇款，从而实施诈骗。

（10）ATM 机告示诈骗。不法分子预先堵塞 ATM 机出卡口，并在 ATM 机上粘贴虚假服务热线告示，诱使用户在银行卡"被吞"后与其联系，套取密码，待用户离开后到 ATM 机取出银行卡，盗取用户卡内现金。

（11）兑换积分诈骗。不法分子拨打电话谎称受害人手机积分可以兑换物品如智能手机等，如果受害人同意兑换，不法分子就以补足差价等理由要求先汇款到指定账户；或者发短信提醒受害人信用卡积分可以兑换现金等，如果受害人按照提供的网址输入银行卡号、密码等信息，银行账户的资金即被转走。

（12）二维码诈骗。不法分子以降价、奖励为诱饵，要求受害人扫描携带木马病毒的二维码加入会员，受害人一旦扫描安装，木马就会盗取受害人的银行账号、密码等个人隐私信息。

三、编造虚假信息实施诈骗

（1）微信发布虚假爱心传递诈骗。不法分子将虚构的寻人、扶困帖子以"爱心传递"的方式发布在朋友圈里，引起善良网民转发，实则帖内所留联系方式绝大多数为外地号码，打过去不是吸费电话就是电信诈骗。

（2）微信点赞诈骗。不法分子冒充商家发布"点赞有奖"信息，要求参与者将姓名、电话号码等个人资料发至微信平台，一旦商家套取了足够的个人信息，即以"手续费""公证费""保证金"等形式实施诈骗。

（3）电子邮件中奖诈骗。通过互联网发送中奖邮件，受害人一旦与不法分子联系兑奖，即以需缴纳个人所得税、公证费、转账手续费等各种理由要求受害人汇钱，以达到诈骗目的。

（4）娱乐节目中奖诈骗。不法分子以《我要上春晚》《非常6+1》《中国好声音》等热播节目节目组的名义向手机用户群发短消息，称其已被抽选为节目幸运观众，将获得巨额奖品，后以需交手续费、保证金或个人所得税等各种借口实施连环诈骗，诱骗受害人向指定银行账号汇款。

（5）购物退税诈骗。不法分子事先获取到事主购买房产、汽车等信息后，以税收政策调整，可办理退税为由，诱骗事主到 ATM 机上实施转账操作，将卡内存款转入骗子指定账户。

（6）网络购物诈骗。不法分子开设虚假购物网站或淘宝店铺，一旦事主下单购买商品，便称系统故障，订单出现问题，需要重新激活。随后，通过QQ发送虚假激活网址，受害人填写好淘宝账号、银行卡号、密码及验证码后，卡上金额即被划走。

（7）低价购物诈骗。不法分子通过互联网、手机短信发布二手车、二手电脑、海关没收的物品等转让信息，一旦事主与其联系，即以缴纳定金、交易税手续费等方式骗取钱财。

（8）办理信用卡诈骗。不法分子通过报纸、邮件等刊登可办理高额透支信用卡的广告，一旦事主与其联系，不法分子则以缴纳手续费、中介费、保证金等虚假理由要求事主连续转款。

（9）刷卡消费诈骗。不法分子群发短信，以事主银行卡消费，可能泄露个人信息为由，冒充银联中心或公安民警连环设套，要求将银行卡中的钱款转入所谓的"安全账户"或套取银行账号、密码从而实施犯罪。

（10）谎称包裹藏毒诈骗。不法分子以事主包裹内被查出毒品为由，称其涉嫌洗钱犯罪，要求事主将钱转到"安全账户"以便公正调查，从而实施诈骗。

（11）贷款诈骗。不法分子通过群发信息，称其可为资金短缺者提供贷款，月息低，无须担保。一旦事主信以为真，对方即以预付利息、保证金等名义实施诈骗。

贷款服务

我们的贷款免抵押、低利息，特别适合像你们这些大学生，但是需要缴纳一些保证金……

（12）重金求子诈骗。不法分子谎称愿意出重金求子，引诱受害人上当，之后以诚意金、检查费等各种理由实施诈骗。

（13）PS图片实施诈骗。不法分子收集公职人员照片，使用电脑合成淫秽图片，并附上收款卡号邮寄给受害人，勒索钱财。

（14）"猜猜我是谁"诈骗。不法分子获取受害者的电话号码和机主姓名后，打电话给受害者，让其"猜猜我是谁"，随后根据受害者所述冒充熟人身份，并声称要来看望受害者。随后，编造自己被治安拘留、交通肇事等理由，向受害者借钱，一些受害人没有仔细核实就把钱打入犯罪分子提供的银行卡内。

（15）提供考题诈骗。不法分子针对即将参加考试的考生拨打电话，称能提供考题或答案，不少考生急于求成，事先将好处费的首付款转入指定账户，后发现被骗。

（16）高薪招聘诈骗。不法分子通过群发信息，以月工资数万元的高薪招聘某类专业人士为幌子，要求事主到指定地点面试，随后以培训费、服装费、保证金等名义实施诈骗。

【案例1】

　　某市公安局接到当地高校方同学报案称，自己中了"淘宝刷单"的圈套，被骗了几万元。据小方介绍，某日一名QQ好友发来一条信息，称有个网站，可以"刷单返钱，薪酬丰厚"。正想赚钱的小方立马按提示加了客服QQ。"对方发来了一个链接，点进去是一个类似淘宝网的购物平台，看起来挺正规的。"小方回忆。两天内，她分七次购买了网站上的购物卡，每次都花了几千元。按照约定，对方收到钱后，完成刷单，会将这些钱和12%的返现奖金一起给小方。但是，等小方联系客服，要求返钱时，客服却把她拉黑了。小方这才意识到自己被骗了，立即向公安局报案。

（17）伪基站诈骗。不法分子利用伪基站向广大群众发送网银升级、10086移动商城兑换现金的虚假链接，一旦受害人点击后便在其手机上植入获取银行账号、密码和手机号的木马，从而进一步实施犯罪。

（18）金融交易诈骗。不法分子以某某证券公司名义通过互联网、电话、短信等方式散布虚假个股内幕信息及走势，获取事主信任后，又引导其在不法分子搭建的虚假交易平台上购买期货、现货，从而骗取事主资金。

【案例2】

2022年11月8日，无锡市李女士在一个交友平台认识了一名男子，该男子自称某金融企业的高管，对李女士嘘寒问暖，关爱有加，逐渐获得了李女士的好感和信任。过了一段时间后，该男子告诉李女士发现一个投资网站存在漏洞，可以稳赚不赔，并且给李女士发来链接，让她下载某网站的APP，并让她申请账号进行操作。李女士觉得盈利很可观，开通了自己的账号，并向客服提供的银行账户充值了3万元，然后按照对方指导进行操作，不但有盈利而且提现成功。之后，李女士向该银行账户充值70万余元并盈利，再次提现时，却发现APP无法登录，并且自己的微信已被拉黑。

第三节　电信网络诈骗滋生的原因及易受害群体

一、电信网络诈骗滋生的原因

在现阶段国家大力发展电信网络产业的大背景下，电信网络诈骗案件滋生的原因是多方面的。它的产生既有国家制定相关法律滞后性的问题，也有宣传力度不够的问题；既有电信网络企业快速发展期间政府监管方面缺失的问题，也有电信网络相关运营企业履责不到位的问题。具体分析如下：

1.电信网络运营商没有认真履行相关责任

电信网络运营商架设的电信网络是电信网络诈骗的媒介，电信网络运营商技术的局限性是电信网络诈骗案件滋生的重要原因之一。近些年国家对电信网络诈骗犯罪越来越重视，为从源头上打击电信网络诈骗犯罪，多部门联合出台了多种针对电信网络诈骗犯罪的政策，电话实名制就是一项重要举措，但是仍有电信网络运营商投机取巧，不认真贯彻履行。

2.个人信息的泄露

大量的个人信息泄露也是电信网络诈骗滋生的重要原因。骗子们要想在短时间内实施骗术、诈骗成功，离不开对公民个人信息的了解。在以往的电信网络诈骗犯罪中，诈骗团伙往往掌握大量的个人信息，包括姓名、年龄、身份证号、工作单位、家庭情况等。

那么，这些个人信息又是怎么泄露出去的呢？如果你留心一下就会发现，你去售楼部看了一次房，马上就会有很多人给你打电话问你是否买房；如果你在某小区买了一套房，就会有各种装修公司邀你参观他们装修的样板间；如果你去4S店看车，就会有不少销售经理给你打电话推销汽车……这样的例子数不胜数，网上搜相关信息，你会发现有很多售卖个人信息的店家。你就会问，为什么他们会知道你的信息？为什么他们会了解你近期的活动？因为在你去售楼部选房子时，去4S店选车时，店员都会以介绍优惠等理由留下你的联系方式，之后这些联系方式被打包卖给那些房屋销售、汽车销售、室内装修公司。其实细心点你就会发现，你去超市办理会员积分卡时，在电影院办理会员卡时，去品牌店办理折扣卡时，去美容院办理充值卡时，去洗车店办理洗车卡时……这些会员卡、打折卡、充值卡背后都隐藏着你的个人信息，包括你的姓名、身份证号（出生日期）、手机号码，甚至家庭住址和家庭成员。人们有时在不经意间就泄露了自己的个人信息，或者有的时候是在不得已的情况下泄露了自己的个人信息，而这些一旦落入不法分子手里，就会变得无比危险，会对你的财产甚至是人身安全造成极大的威胁。

现在网站的应用程序，特别是近些年各式各样的手机APP，在你注册使用或者安装使用的时候，都会通过获取权限来得到你手机的相关信息，你会发现手机网页等APP的推送往往就是你最近关心和浏览过的信息，手机APP会筛选出对你相对有用的资源提供给你，你会觉得手机的智能确实给你带来了便利，智能手机更像一个私人"小秘书"了。但是当你的使用行为、浏览行为都被这个"小秘书"知道后，对你的信息了如指掌的它如果不能保护好这些信息，就会造成个人信息的泄露。

3. 犯罪成本低，犯罪回报高，利益巨大

电信网络诈骗犯罪集团往往只是租一间房子，买几部电话机或者手机卡、主机、IP分享器、话本等廉价的犯罪工具就能实施诈骗行为。这些诈骗犯罪集团成员的薪资采用"奖金"制度，得手后第一线人员可抽不法所得的4%，二线可抽6%，按照扮演的角色，重要的可抽8%～12%不等，短短一个月就能诈骗上千万元。巨大的利益也是电信网络诈骗屡禁不止，让这些不法分子铤而走险的原因。

4.破案难度大，破案成本高

（1）获取证据难。

电信网络诈骗和传统犯罪有很大的区别，它不像普通的盗窃、抢劫、杀人案件有犯罪现场，有痕迹物证，总存在着蛛丝马迹，电信网络诈骗是远程的、非接触式的，可能你被骗了都没见过骗子长什么模样。不法分子和受害人确实不需要打照面，运用现代很发达的通信技术还有网银技术，在很短的时间内就可以完成作案。留给公安机关的确实有电话和账户信息，但是这些账户没一个是真的，这些手机号码也都是无记名的或虚拟的。

（2）线索追踪难。

涉案的那些不记名的手机卡，或显示的座机号码大部分都是些网络虚拟电话，像铁通的一号通、网通 400，都是现代通信技术支持的一种高科技虚拟电话。按说打电话应该显示一个主叫号码，但是这种一号通和网通 400 电话都还有其他捆绑的号码，还有一些任意显号软件甚至可以显示出任意的电话号码来，有的时候甚至可以显示出银行、公安局的电话号码。这些电话号码实际上是虚假的，是由犯罪分子手动设置的，它既能蒙骗受害者又能逃避公安机关的打击。有的甚至通过境内、境外的服务商、服务器来层层转接。

（3）赃款追回难。

涉案的那些银行账号和银行卡也是不法分子冒用他人的。有的不法分子甚至可以搜集几百个账号专门卖给诈骗集团，他们只需要花几十块钱谎骗向人买一个身份证，就可以开出数百张银行卡。案发后公安机关追查，只能查到一个不涉事的普通公民身份证。另外，犯罪分子设立了多级账户，通过银行快速层层转账，最后再在分布在全国各地的 ATM 机上提现。公安机关在办案过程中经常发现，一些不法分子诈骗几百万元钱在几分钟内就转移到各地，很快就被人取走了。

（4）属地公安侦破难。

单独一地的公安机关侦办一起这样的电信网络诈骗案件需要投入大量的

警力、经费，要派出很多专案组，到处拿着法律手续找银行、找通信部门查电话、查账号。哪个环节出了一点差错都会影响整个侦查工作。可以说破获这种案件远远不是一般人所想象的那么简单。

5. 量刑较轻，惩罚力度较小

根据《最高人民法院、最高人民检察院关于办理诈骗刑事案件具体应用法律若干问题的解释》第一条的规定，利用电信网络技术手段实施诈骗，诈骗公私财物价值三千元至一万元以上、三万元至十万元以上、五十万元以上的，应当分别认定为刑法第二百六十六条规定的"数额较大""数额巨大""数额特别巨大"。

根据《中华人民共和国刑法》第二百六十六条的规定，诈骗公私财物，数额较大的，处三年以下有期徒刑、拘役或者管制，并处或者单处罚金；数额巨大或者有其他严重情节的，处三年以上十年以下有期徒刑，并处罚金；数额特别巨大或者有其他特别严重情节的，处十年以上有期徒刑或者无期徒刑，并处罚金或者没收财产。

因为量刑较轻，惩罚力度较小，没能最大限度地剥夺被告人再犯罪的能力，这也是导致诈骗案持续滋生的一个原因。

6. 电信网络诈骗防范宣传不够

电信网络诈骗防范宣传的主要目的是让容易上当受骗的群众提高警惕，不再受骗。目前电信网络诈骗防范宣传不够，人群覆盖没有针对性，宣传的深度、广度不够，也没有连续性。真正需要宣传教育的人群往往没有接触到这方面的宣传，或者对现有的宣传不"敏感"。

（1）电信网络诈骗防范的宣传媒介不足，宣传持续性不够。

媒体往往是在出现有群众影响力的诈骗事件时大力报道，只是从社会热点的角度阐述和提出建议等，诈骗的防范宣传没有持续性，宣传会随着事件热度的消退而逐步淡化，并没有找到一种能持续引发关注的宣传方式。

（2）电信网络诈骗防范的宣传对象没有针对性。

目前电信网络诈骗防范宣传多以条幅或者传单等形式，宣传的时间和范围有限，而且针对学生、老年人等易受骗人群的防诈骗报刊等读物太少，这些人群中很多人又很难通过网络媒体了解到电信网络诈骗防范的宣传，这也是电信诈骗在此类人群中持续高发的原因之一。

（3）负责电信网络诈骗防范的部门单一，宣传的广度和深度不足。

以往电信网络诈骗防范的宣传往往只有公安部门，但公安部门作为办案部门，宣传的广度和深度都不能达到防范电信诈骗犯罪的目的。银行业、电信运营商、企事业单位等全社会相关部门没有形成宣传的合力。

二、电信网络诈骗的易受害群体

随着电信网络诈骗案件的高发，电信网络诈骗的易受害群体也呈现出了一定的规律性。据诈骗案件相关数据分析，公司财务人员、离退休老年人、青年女性、教师、学生是电信网络诈骗的易受害群体。在百万元以上重大案件中，高学历人群被骗占比较高；在受害群体中，学生、教师、离退休老年人占比较大，他们中很多人接触反诈骗宣传教育少，所以比较容易中骗子的圈套。他们为何会被骗？是他们不够警惕，还是骗子太"高明"，太狡猾？下面以几个案例进行分析：

【案例1】记者被骗

人物：苏先生

被骗原因：信息泄露＋时间凑巧

如何意识到被骗：家人提醒

年龄：20多岁

职业：自媒体记者

学历：大学本科

苏先生是某自媒体的记者，已经工作5年，也曾参与电信网络诈骗等社会新闻的追踪采访。但让他没想到的是，自己竟然也中了电信网络诈骗的圈套。

2021年8月，当时他正准备从广州搭乘航班飞往贵阳出差。距航班起飞前四小时左右的凌晨4时许，他接到一条短信，提示他搭乘的航班因飞机起落架故障已被取消，并称由于航班取消，乘客可获得300元航班延误费，而改签需收取20元工本费。他信以为真，拨打了短信中"400"开头的热线电话，最终被骗走2 833元，直到家人提醒他才发现受骗。

为何会被骗到呢？苏先生分析有几方面的原因：首先，"对方对我的个人信息了如指掌"，包括姓名和航班号等，很容易获得信任；其次，当时是凌晨4时许，"我还没完全清醒"；再次，他们的时间节点把握得非常好，在飞机起飞前几小时，"而那时候我也正担心会不会延误，人也比较紧张，尤其是害怕飞机没有如约抵达，让接机的人久等"；最后，对方在进行诈骗操作时，没有太大漏洞让人察觉。

【案例2】家长中招

人物：王奶奶等人

被骗原因：信息泄露＋事态紧急

如何意识到被骗：亲自到医院核实才发现之前是骗子在搞鬼

年龄：70岁

职业：离退休人员

学历：不详

　　2021 年 6 月 8 日，正在家里休养的李奶奶忽然接到一个电话，对方声称她孙女玲玲在幼儿园念书被铅笔尖戳伤眼睛，目前正在医院救治，需要马上转账付款才能进行手术，保住眼睛。闻此，李奶奶的丈夫赶紧赶到了医院，却发现这是一个骗局。该电话同时打给了 8 个儿童的家长，其中一名儿童的家长王奶奶不幸中招，被骗走 8 万元。

　　"他说话的时候比我还慌张，又能准确说出我孙子的名字，我听到后以为确实是发生了啥事，就信了。"回忆起被骗的一幕，王奶奶说，"诈骗电话除了把我孙子的情况说得一清二楚外，还把他班主任的情况都说了出来，听起来不由你不信。"因为事态紧急，所以她就打款了，结果被骗走 8 万元。因为太紧张，她甚至都没有来得及跟班主任确认。

　　秦奶奶 7 月接到诈骗电话时，一开始几乎完全相信，因为骗子声称其孙子呕吐、胃出血，被送到了省人民医院急诊，该医院就在学校附近。秦奶奶经常接触反诈骗宣传，她说以前接到群发的诈骗短信都不会理，

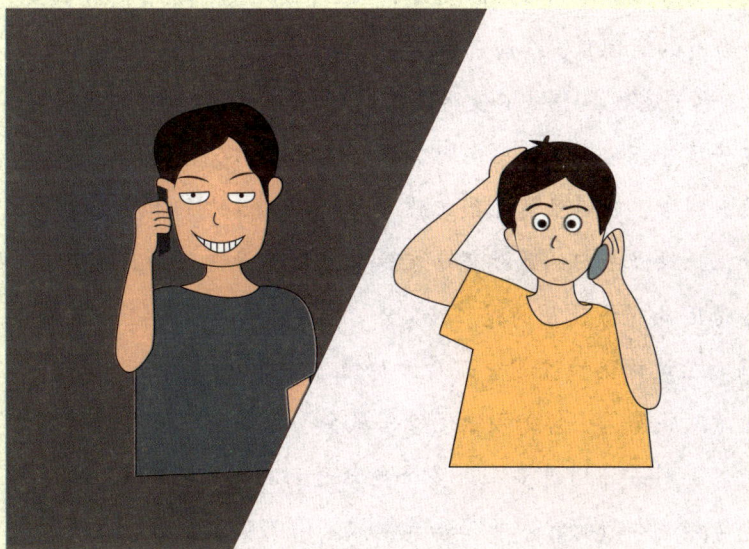

但这种手法简直太容易中招了，防不胜防，几乎是为家长"量身打造"的诈骗场景。甚至有家长反映，在接听电话过程中还能听到孩子叫喊父母、学校广播体操音乐等背景声。

【案例3】护士上当

人物：小婷

被骗原因：信息泄露＋误听误信＋不关注诈骗资讯

如何意识到被骗：1个多月后联系不上骗子扮演的"警官"

年龄：20岁

职业：护士

学历：中专

小婷中专毕业后，在某市一家医院当了一名护士。2022年4月，小婷接到一通号码显示为95588的诈骗电话，称其与一宗贪污洗钱案有关。在一个多月的时间里，诈骗分子以各种理由分次骗走小婷共18万元"保释金"。为了凑钱，小婷不仅将自己的4万余元存款全部拿出，还向同事好友借了5万余元，甚至在网络平台借贷了9万元。

该案例中，小婷虽然已经工作了好几年，但她平时很少留意防范诈骗类资讯，结果老旧的诈骗套路在她身上仍然得逞。据小婷回忆，她信任对方是因为对方使用的是"95588"电话，接通后还报出了她的身份证号码。在被诈骗的过程中，对方称她名下有23家银行的信用卡，涉及某贪污洗钱案，小婷必须缴纳"保释金"保证自己清白。为了让小婷保持信任，对方还通过多人、多个电话进行轮番"互证"，而其中一些号码竟与相关部门的官方号码非常相似。由于骗子声称该事件需"高度保密", 小婷并未将此事说给家人听, 在借钱时也未问一下家人, 所以一直被蒙骗。

【案例 4】教师上当

人物: 张某

被骗原因: 信息泄露 + 误听误信

如何意识到被骗: 网贷数十万元后, 意识到被骗。

年龄: 45 岁

职业: 教师

学历: 本科

2022 年 11 月 6 日, 某市小学教师张某报警称, 自己于 2022 年 11 月 5 日接到一个陌生电话, 对方自称是某电子商务平台客服工作人员, 说张某在该平台的金条贷款利率过高, 可以帮其降低金条贷款利率。然后, 对方要求其下载 "Just 会议" APP, 说在上面聊天帮其操作相关业务, 待张某在手机上下载了 "Just 会议" APP 后, 对方电话告知其房间号, 然后就在 APP 上聊天。对方让张某在手机网页上搜索注销入口 www.××××.cn, 点开后点击在线变更相关业务, 上面有客服和张某聊天, 然后其按照客服要求申请注销高息网贷账户, 分别在在 e 贷、××贷、微粒贷上点击相关操作。当时, 张某不知道是贷款, 就按照对方要求操作了, 后对方提供卡号让其转账。后来, 张某意识被骗报警, 共计被骗 350 000 元。

【案例 5】学生上当

人物：刘某

被骗原因：误听误信＋贪图小利

如何意识到被骗：母亲的农业银行卡中金额被转账，才意识到被骗。

年龄：13 岁

职业：学生

学历：初中

2022 年 10 月 29 日，某实验中学学生刘某的母亲报案，称自己的孩子被骗，说当日刘某上完网课，玩手机时看到某好友的朋友圈消息，称每转一笔钱就可以获得 3 倍返利。刘某想给自己挣一些零花钱，于是就主动和这个好友聊天，对方称刘某是未成年人，要想参与这个活动需要拿父母的手机进行认证。刘某先添加名为"订单处理中心"的 QQ 好友，对方让刘某拿母亲的手机回到自己的房间，进行相关的语音认证。对方称只有通过认证，并进行转账才能给其返钱。对方通过 QQ 语音通话让刘某用支付宝扫描支付宝"信任设备"二维码，并且告知对方母亲名下农业银行卡的密码，刘某在对方的指示下使用母亲的支付宝进行了操作。后来对方陆续发来支付宝和微信收款二维码让其付款。刘某发现母亲的农业银行卡自动进行转账，意识到被骗，遂让母亲报警，共计被骗 74 000 元。

三、受害者为何无法摆脱骗子的魔掌

从上述几个案例中我们可以看出，人们不论学历、职业如何，都有陷入电信网络诈骗骗局的可能，但其实在骗局的很多环节中，如果多加小心就可以避免悲剧的发生。那么，为何受害者一旦陷入骗局都会那么"着魔"呢？

不少受骗者在回忆被骗转账的那一刻时，几乎都会说："稀里糊涂，仿佛当

时着魔一般被骗子控制住，就转了账。"那么，骗子的"魔力"从哪里来的呢？

▶ **"着魔"原因一**

个人与社会部分脱节，缺乏常识

不少受骗者工作生活环境单一，平时不怎么关注社会新闻，包括一些老年人长期与社会脱节也是被骗原因之一。深圳某著名 IT 企业的一名工程师在40 天时间里，被诈骗分子使用境外改号电话和仿冒最高人民检察院的钓鱼网站，以冒充公检法人员等方式骗取 1 127 万元。据了解，被骗的工程师因长期被派驻国外工作，对该诈骗手法不熟悉而信以为真，导致被骗。

▶ **"着魔"原因二**

个人信息被骗子精准掌握

资深反诈骗民警分析指出，首先骗子精准地掌握了事主的个人信息，每一步骗局都设置得"那么巧，那么精准"。如引起公众关注的清华大学教授被骗千万元案中，这位教授刚刚卖了一套房子，回到家立即就接到了诈骗电话，称他漏缴各种税款等，各种方式的恐吓威逼让他一步步中计。骗子可以精确地说出卖房网签合同的编号是多少，包括交易中的各种细节，都能说得头头是道。

▶ **"着魔"原因三**

每一步心理需求都被骗子料到

在行骗过程中，骗子每一步提出的要求都会让人感觉是合理的，比如说声称受害人身份信息泄露，还会煞有介事地提醒受害人注意防诈骗，甚至让受害人感觉对方是在帮助自己解决问题。行骗者往往能精准地掌握受害人心理需求及变化，比如绝大多数人都是怕麻烦的：不愿意或者害怕与公安机关打交道。

此外，从缴获的犯罪分子作案用的"教材"来看，诈骗者的诈骗剧本做得非常细致，恐吓、安抚等环环相扣，步步设套，引人上钩，甚至为了让事主彻底相信，增加逼真感，还在电话中上演苦肉计，增加背景声音。

四、电信网络诈骗为何屡打不尽

近年来，电信网络诈骗给国家、社会、家庭和个人造成了严重的危害，公安机关及相关行业部门不断加大预防和打击力度，但为何电信网络诈骗屡打不尽呢？

（1）风险小，危害大。犯罪分子只需架设网络、购买电脑设备和木马软件，足不出户即可完成目标选择、信息发送、盗号、诈骗、转账、同案联络等一系列犯罪活动，相较于传统犯罪而言，犯罪成本低、风险小，但收益巨大。

（2）渗透快，传播广。电信网络诈骗犯罪有互联网开放、即时、跨地域等特点，表现出渗透快、传播广的特点。不法分子借助 QQ、邮箱、短信等发送盗号木马链接，一旦有人点击中招即可实施下一步诈骗活动。

（3）隐蔽性强，查证难。电信网络诈骗犯罪嫌疑人与受害人之间不直接接触，犯罪活动多发生于虚拟网络，犯罪行为实施地、结果地相互分离，而且有专业化团队形成流水作业和利益链条，实施犯罪行为的过程往往都是隐秘的，造成公安机关侦破难、取证难。特别是通过公安机关的多年打击，不法分子反侦查意识渐强，进一步加大了公安机关的打击、取证难度。

（4）组织严密，分工明确。电信网络诈骗犯罪活动通常都是由策划诈骗范本、开卡、拨打电话或发送信息、取款、技术支持"一条龙"，且组织严密、分工明确、相互独立的犯罪单元组成。目前的诈骗团伙正逐渐向专业化、职业化的犯罪团体发展。

（5）骗术花样繁多，手法翻新快。不法分子紧跟社会热点，针对不同群体"量身定做"行骗方案，千方百计运用电信设备变换作案手法，编造五花八门的虚假信息，诱使人上当受骗，每种骗术都在流行不久被人识破后就花样翻新，令人防不胜防，稍不小心便会上当受骗。

（6）跨区域、跨国犯罪突出。为逃避打击，电信诈骗犯罪集团由过去在我国设立窝点诈骗本土以及泰国、日本、马来西亚等国民众，逐渐发展成将拨打诈骗电话、转账取款等窝点和技术支撑平台等转移至泰国、印尼、马来西亚、越南等东南亚国家，跨境、跨国对我国民众实施诈骗。

（7）攻心易，防范难。在电信网络诈骗各种手段中，最复杂的是利用社会工程学实施诈骗；犯罪分子通过各种窃取手段拿到公民信息，设置圈套，利用人们心理的弱点，实施诈骗。此类诈骗手段极难防范，即便是很警惕的人，也容易被高明的社会工程学手段损害利益。

第四节　电信网络诈骗的危害

当前，电信网络诈骗犯罪已经蔓延全国，受害人涵盖各个年龄段、各种职业。电信网络诈骗把罪恶的眼睛盯在每个受害人身上，不仅大肆骗取个人和企业的钱财，给其造成巨大经济损失，还严重影响了社会诚信，制造了无数个家庭悲剧。

2021 年 10 月 2 日，江苏北部某市一名 24 岁的年轻女子跳河自杀，原因是她遭到了电信诈骗。该女子大学毕业之后，准备筹钱自主创业，结果遭遇了贷款诈骗，一下子被骗了几十万元，原本即将开始的创业之路也戛然而止，最终她选择了跳河自杀。类似的事件很多，这些事件将电信网络诈骗这一社会公害推向舆论的风口浪尖，电信网络诈骗受到了全社会的关注，而它给社会带来的危害远不止于此。

一、电信网络诈骗严重侵害人民群众财产安全、人身安全

在涉案金额上，传统盗窃抢劫案涉案几万元就算数额很大，但电信网络诈骗不同，动辄就是几百万、上千万元，诈骗金额触目惊心，受害人单日被

骗最高的达到了 1.17 亿元。

此外，在电信网络诈骗案件中，受害人往往会出现精神疾病，甚至会出现跳楼自杀等损害生命的情况。具体数字虽然难以统计，但是我们可以想象几十年的积蓄瞬间化为乌有，对于许多工薪阶层或者中老年人来说是多么重大的打击。这样的打击往往会导致受害人的生活积极性受挫，也会使其他群众产生不满情绪，影响社会和谐。

2021 年 11 月，金某某到某市公安局报案，称遭遇电信诈骗，被骗走数十万元，公安机关立即立案侦查。一个月后，金某因被骗金额巨大，难以接受，精神压力太大跳楼身亡。2022 年 1 月，某县的杨老太接到一个电话，对方自称是北京某康复中心的"专家林主任"。在电话里，"林主任"十分关心杨老太的身体健康，并且给她快递了免费药品。此后，"林主任"以开具困难证明、收取档案费、审批费、税费等手段从杨老太手里骗取了 3 万余元。杨老太得

知上当后，患重病去世。一个个好端端的家庭，被带走了希望和未来，也让更多人深感震惊和不安。对一个普通家庭来说，"养老钱""救命钱""上学钱"被骗，造成倾家荡产，家破人亡。而对于一个企业来说，上千万巨额资金被骗，有可能造成整个资金链断裂，导致工厂关闭，职工下岗，企业破产，动摇社会稳定的根基。

二、电信网络诈骗严重影响社会稳定

电信网络诈骗由于犯罪成本低、风险小、回报高、易得手，很容易被效仿和传播，形成犯罪"黑色产业链"，诈骗后果也越来越恶劣。电信网络诈骗不仅严重危害和威胁群众财产安全和合法权益，影响老百姓的安宁生活，更严重影响人们的安全感，扰乱了社会秩序，给国家安全和社会稳定带来极大隐患。

电信网络诈骗受害人包括社会各个阶层，不管是涉世未深的大学生还是身为知识精英的名校教师，不管是工人、农民还是企业老板、公务员，各行各业各类人员都有可能成为电信网络诈骗的对象。电信网络诈骗社会影响面广，性质非常恶劣，已成为严重影响社会稳定的突出治安问题。

同时，电信网络诈骗的犯罪成功率高、打击成功率低，容易对一些人特别是对青少年产生负面影响，混淆人们的是非观、荣辱观，以致助长有工不做、有田不种、有学不上、好逸恶劳、投机钻营、坑蒙拐骗等不良社会风气。

三、电信网络诈骗导致严重信任危机

电信网络诈骗破坏了社会诚信，严重影响了人与人之间的信任度，造成人与人之间缺乏安全感，最终谁都不相信谁，即便接到父母、子女或者朋友的电话，都需要打上一个问号。电信网络诈骗不仅给直接受害人带来财产甚至生命损失，也加剧了人与人之间的不信任感，增加了社会运行成本。

电信网络诈骗通过高科技手段，冒充受害人的亲朋好友，甚至假冒公检法等部门进行诈骗，让正常的社会交往中的各种信任都打了个问号，甚至一度使得人人自危，警惕性和防范心理倍增。"接到公检法的电话一律挂掉"等防骗做法，影响了国家机关一些部门正常工作的开展，严重损害了公权力机关的公信力，例如误把红十字会电话当成诈骗电话，错过了救人性命的机会。不少人只要看到陌生号码来电就很警惕，要么不接，要么直接挂断，等等。电信网络诈骗削弱了社会的基本信任，危害远远大于一般的诚信缺失。

四、电信网络诈骗严重背离社会主义核心价值观

随着经济全球化的发展，我国改革开放的深入，面对多元文化价值观的涌入，社会主义核心价值观为每一个中国人确立了行为标准、道德标杆。电信网络诈骗分子的行为，严重背离了社会主义核心价值观。不法分子企图不劳而获，靠耍聪明、钻空子侵吞他人的合法财产，这种坐享其成、唯利是图的行为严重破坏了社会风气。不法分子违反法律，钻漏洞，严重破坏了国家法治，严重破坏了社会和谐。

第二章 防范电信网络诈骗

第一节 识别电信网络诈骗陷阱

一、认清电信网络诈骗的本质

电信网络诈骗作为新的诈骗形式，具有发展蔓延快，骗局花样翻新快，有严格分工且主要犯罪分子一般在境外遥控指挥等特点。现在网络通信快速发展，手机应用的方便快捷确实给我们的生活带来了便利，但是在便利快捷的背后，也给不法分子留下了可乘之机。

电信网络诈骗的本质就是犯罪嫌疑人不与受害人直接见面，采用非接触的方式，如电话、短信、微信、邮件等与受害人联系沟通，用虚构事实或者隐瞒真相的欺骗方法，取得受害人的信任，骗取受害人的钱财。其实不管骗子使用哄骗、恐吓还是利诱等手段，他们的最终目的都会归结到钱上，不管是押金、手续费，还是返利费、保证金，任何名目都要在"钱"字上体现出来。

二、重视电信网络诈骗的产业化态势

随着社会的进步，信息产业快速发展，电信网络诈骗也有向选择对象逐步精确化、形成网络上的诈骗产业链条、犯罪呈团伙作案三个方向发展的趋势。

近两年，"广撒网"式诈骗手法已经落后，不法分子将诈骗对象明确到某类人，甚至某个人。而且诈骗手法也走高科技、网络化路线，诈骗团伙中有人专门负责购买信息，有人负责角色扮演，有人负责取赃款。

在市场需求和利益驱动下，一些不法分子打起了获取、兜售公民个人信

息的歪主意。一些网络、电话销售、保险、贷款等公司的从业人员，把自己掌握的"个人信息"资源，卖给了不法分子。个人浏览、登录网站，点击中奖信息、安装来路不明的软件等，都易泄露自己的信息。一条个人信息的售价从几角钱到十几元不等。这些个人信息包括姓名、联系电话、家庭地址、职业、收入等。每条信息的价值是由其完整性和稀缺性决定的，稀缺又完整的个人信息售价更高。

诈骗产业链一般至少分为四大环节：信息获取、批发销售、实施诈骗、分赃销赃。信息获取，是提供诈骗的关键素材，属于提供技术支持的环节，而且相关人员通常不参与具体诈骗实施，隐藏较深；批发销售，是将个人信息转卖给诈骗团伙，有时候他们同时为多个诈骗团伙服务；实施诈骗，是普通人接触最多的环节，不法分子以公检法、熟人、领导、客服等虚假身份出现，拥有较强的公关、沟通能力；分赃销赃，是指诈骗一旦成功，团伙中会安排专人去 ATM 机取款，再将赃款转给分赃中间人，由中间人分配给团伙人员。有时候，团伙会让财务会计师将赃款分散到多个网银账户上，增加警方破案和银行冻结账户的难度。

在这四大环节中，又有银行卡贩子、电话卡贩子、身份证贩子、域名贩子、钓鱼网站编辑、木马开发、盗库黑客、钓鱼网站零售商、个人信息批发商、电话诈骗经理、短信群发代理、在线推广、财务会计、分赃中间人、ATM 机取款人等十几个"工种"环环相扣。这些黑色链条上的环节，十分隐秘，给案件侦破也造成了一定难度。

骗子的骗术越来越高，大多时候不单单是一个人进行语言上的欺骗，而是分角色地演戏。诈骗团伙不惜花钱从别处买来"剧本"，实施诈骗行为之前，为了让受害人感到真实，诈骗团伙会排练很多次，会从语言组织、语气、通话时间、通话间隔时间、角色特点、口音等方面进行练习，直到达到以假乱真的程度。

另外，他们还安排有专门取款的成员，不管多大金额的款项，都能从不同渠道快速提取，从不同的地区短时间内将被骗的款项取完。而且取款的成员一般情况下都是通过电话单线联系，即使被抓获也很难发现其上线的真实身份和位置。

三、认识新型电信网络诈骗手法

随着手机互联网的普及，直播、短视频、在线相亲等业态也随之兴起；以房养老热点话题的涌现，新型冠状病毒肺炎疫情的出现，与之相关的新型电信网络诈骗手段也不断翻新。诈骗分子一般不会与受害人直接见面，而是以电话、微信等社交类通信工具作为媒介和受害人联系，这样即使被受害人发觉也可以很快脱身。对此我们如果能快速识别新型电信网络诈骗的手法，就能减少上当受骗的概率。所以，了解和识别新型电信网络诈骗手法也是防范电信诈骗行为的一种有效手段。

下面我们就列举近几年出现的电信网络诈骗案件中一些新型的诈骗类型和惯用的手法。

● 美女支教诈骗

犯罪嫌疑人伪装成面容姣好的女子，谎称自己在偏远山区支教，时常在朋友圈发一些与孩子的合影，以及当地贫苦的环境和简陋的教学场地的照片。骗取受害人信任后，就会以给孩子买书本、文具，过生日等为由，不断游说受害人发红包或者转账献爱心。达到一定金额后，受害人会被对方"拉黑"。

● 美容贷诈骗

犯罪嫌疑人在网上发布高薪职位的招聘信息，一旦有人应聘，就约定"面试"日期。"面试"时，要求受害人做整形，提升形象气质，然后以零首付、分期付款、轻松变美丽、单位报销等说辞，诱使受害人在小额贷款公司等平台办理个人信用医疗美容贷款。受害人在办理贷款、进行整容手术后，想尽快投入工作，犯罪嫌疑人却消失了。

> **虚假征信诈骗**

犯罪嫌疑人谎称受害人在网络金融平台有借款经历，影响到了个人征信，并且通过准确报出受害人的个人信息，向受害人施加压力，制造恐慌。同时，为打消受害人顾虑，犯罪嫌疑人主动提出限额转账。当受害人输入银行卡密码并进行人脸识别时，没想到刷脸认证方式并没有开启所谓的限额功能，犯罪嫌疑人由此利用受害人对转账业务不熟悉，从而进行大额转账。

> **盲盒诈骗**

犯罪嫌疑人在直播间等网络平台以盲盒中含有苹果手机、电脑、宝石等贵重礼物吸引受害人参与抽取盲盒，而犯罪嫌疑人在抽奖后台往往设置贵重物品的盲盒抽中概率为0，或者使每个受害人都能抽中贵重物品的盲盒，再假意联系受害人可以折现，以此骗取受害人支付手续费等。

> **宠物领养诈骗**

犯罪嫌疑人在电商平台、二手物品交易平台、社交媒体平台等发布"宠物领养信息"，并且强调免费领养，称可以提供宠物品种证书，以精美图片和赠送宠物为噱头诱导受害人支付高额运费、保证金、疫苗费等，受害人付款后，会直接被"拉黑"。

> **区块链诈骗**

犯罪嫌疑人以投资区块链等为幌子搭建虚假交易平台，冒充专业从业人员诱使受害人在平台上开设账户并向由该团伙实际控制的账户充值。其后，人为制造出受害人亏损假象，并在受害人向平台申请出款时，以各种事由推诿，最终平台和犯罪嫌疑人都消失了。

> **爱心众筹诈骗**

犯罪嫌疑人开发"爱心捐助""爱心筹助""爱心筹款"等非法平台，然后混入医院，向一些患者家属声称能用自己的公益筹款平台无偿为患者筹款，并且诱导患者家属提供住院资料，办理网络筹款，并向其发送筹款平台的链接，让其发送至自己的朋友圈、微信群筹款。筹到爱心款后，经受害人反复催促，嫌疑人会抽取患者很大一部分众筹款，有的甚至直接非法占有患者的全部捐款。

⊙ 以房养老诈骗

犯罪嫌疑人或诈骗团伙通过养老形势讲解和推介，诱骗老年人接受房屋产权"倒按揭"消费理念，与老年人非法签订房产抵押担保的借贷合同或相关协议，诱骗老年人将抵押房屋获得的资金购买其推介的所谓"理财产品"。最终，"理财产品"巨亏，老人无力偿还贷款，房子被过户。

⊙ 低价旅游诈骗

犯罪嫌疑人利用一些中老年人喜欢外出游玩及节俭的生活习惯，给老年人发送短信或者在网络上做广告，以不合理的低价甚至免费组织旅游活动的谎言，吸引老年人参加旅游团。随后，在旅游过程中安排各种购物环节，将"三无"商品远高于市场价格卖给老年人进行牟利。

⊙ 打赏退款诈骗

犯罪嫌疑人在各类直播平台上物色潜在被害人，以交友、网恋为名骗取被害人信任后，引导其到网络平台直播间。再用打"感情牌"、演"苦肉计"等方式诱骗被害人不断充值打赏或微信转账，骗取被害人一定数额的钱后，便将对方"拉黑"。

⊙ 色情直播诈骗

犯罪嫌疑人在网络上发布色情直播信息，并附上露骨的性感照片，等受害人上钩。受害人看到相关信息后主动联系，犯罪嫌疑人立即承诺可以进行直播，并且诱惑受害人预交定金，受害人交了第一笔钱之后，犯罪嫌疑人又会以保证安全为由，要求受害人缴纳保证金。受害人交完保证金后，犯罪嫌疑人已经消失得无影无踪。

▶ 网络赌博诈骗

犯罪嫌疑人先通过 QQ、微信添加受害人为好友，并告知可以带受害人一起赚钱，向受害人推荐赌博网站，并向其传授操作方法。犯罪嫌疑人通过后台操作，让受害人先赚到一部分钱，诱导受害人不断加大投入。之后犯罪嫌疑人通过操纵后台，让原本的赢局变成输局，使受害人十赌九输，牟取利益。

▶ 代办户口诈骗

国内一些大城市，如北京、上海等地落户难度比较大，犯罪嫌疑人就以代办户口进行诈骗。犯罪嫌疑人在朋友圈发消息谎称有能力为他人代办北京、上海户口，受害人咨询时，嫌疑人会承诺办理不成功钱款全额退还，然后以签订合同或口头约定的方式收取代理费，随后会提供各种虚假信息截图，说明自己在找人走关系，然后要求受害人支付一定的关系疏通费。随后，犯罪嫌疑人会突然消失。

▶ 核酸快检诈骗

新冠疫情期间，一些群众着急做核酸检测，又怕麻烦，不愿意排队，犯罪嫌疑人就盯上了这些人进行诈骗。犯罪嫌疑人会加入很多微信群，在群里冒充防疫机构工作人员群发信息，谎称可以快速检测核酸，"加急最快半个小时""可以上门做核酸检测""快速出核酸检测结果"，但是必须加价享受这些服务，一些受害人图方便支付了费用，犯罪嫌疑人却很快就消失了。

▶ 居家隔离补贴诈骗

犯罪嫌疑人冒充公司人事、财务部门通过邮箱或者短信向公司员工群发邮件，称根据国家政策发放居家隔离补贴，需及时扫码登记领取，通过二维码或者相关链接将被害人引至"钓鱼网站"，将被害人的银行卡盗刷。

▶ 世界杯直播诈骗

能去世界杯现场的球迷很少，所以观赛最好的方式就是通过电视直播或直播软件，犯罪嫌疑人会借机开发一些虚假的世界杯直播软件，这些软件中带有木马病毒，会盗取受害人的银行账号、密码，盗刷受害人的钱款。

四、自身保持正确的价值观和心态

"打铁必须自身硬"，外因是不断变化的，我们要提高自身的防范意识，提高自己识别电信网络诈骗的能力，因为国家相关政策制定得再完善，也难以保证不会被狡猾的不法分子找到空子实施诈骗。保护好自己的个人信息，不要轻信电信网络上的信息，更不要有贪图小利的思想，遇到事情不紧张、不慌张，核实清楚，再作决定，否则会很容易陷入十分被动的境地。

为了打击电信网络诈骗，切实履行好银行在金融监管上的责任，央行出台了 ATM 机转账的新规定，这能够在一定程度上降低被诈骗后的损失。可新规定实施没几天，不法分子就发现了可乘之机。

新规推出后几天就有媒体报道：某群众在自助柜员机取完钱正准备离开时，突然凑上来两名男子，向他问道："你好，因我的卡今日取现额度已用完，我着急用钱，能不能帮个忙？我把钱转给你，然后你再取现金给我，我不会让你白帮忙，给您 100 块钱帮忙费。"路过的银行工作人员看到这一幕后，立即上前询问详情。见诈骗行径败露，两名男子立即转身离开。

根据新规，在 ATM 机上转账时，除本人同行账户外，其他账户均在 24 小时后才能到账，且 24 小时内可撤销转账！不法分子以"先转账，再取现"的承诺骗取受害人信任，在拿到现金后，便会前往柜台撤销转账！我们及银行工作人员如发现类似情况，应立即拨打 110 报警！

第二节　电信网络诈骗的防范方法

目前，对于反电信网络诈骗这项行动来说，"防"比"打"更加有效，更加切实，所以防范诈骗更加重要。如果人们了解了电信网络诈骗的本质，知晓了电信网络诈骗的手段，提高了防范意识，不法分子的电信网络诈骗就不会得逞。首先，防范电信网络诈骗的宣传针对的人群更加广泛，受益群体更大；其次，电信网络诈骗防范措施可在犯罪嫌疑人实施电信网络诈骗前使群众免遭不必要的损失，避免不必要的麻烦；最后，电信网络诈骗防范更具有主动性。其实受害人往往在被骗的瞬间也能感觉到自己受骗的事实，受骗与否往往就在受害人一念之间，加强群众的防范意识往往比后期被动追查、打击更有效果。

经过对某省公安厅近几年侦办的电信网络诈骗案件的调查统计，并针对近年来发案较多、具有代表性的真实案例进行多角度分析后，我们从受害人的真实体验及心理感受出发，提出下列防范策略，希望能给大家提供一些帮助。

电信网络诈骗的方法很多，我们不可能只依靠国家的相关部门和政策就指望电信网络诈骗行为不再发生，但是只要把握住防范要点，做好自身的心理防范，就能有效地避免上当受骗。

一、不轻信

不要轻信来历不明的电话和手机短信，不管不法分子使用什么花言巧语，都不要轻易相信，要及时挂断电话，不回复手机短信，不给不法分子进一步布设圈套的机会。

【案例1】帮网店刷信誉度诈骗

　　2022年的某天上午，张某收到一条10690×××发过来的短信，内容是邀请张某"刷信誉度，给好评返利"，具体情况让他加一个QQ号详谈。张某用QQ加了对方好友，对方先发过来一个工作简介文档，让张某填写个人简历，然后对方给张某发过来一个链接，张某点开发现是一个网店的页面，对方又说，现在网店抓刷信誉度特别严，让张某通过二维码支付。对方给张某发过来一个二维码，张某用支付宝扫描支付了100元，对方给张某返还120元。第二次任务，对方先给张某发了网店链接，说需要拍10件，又给张某发了支付二维码。张某用支付宝先支付了2000元，对方说当天必须完成两单任务才能给张某返款。张某又进行了一次刷单，支付了8 000元。对方让张某稍等片刻，结果却将其"拉黑"。

47

【案例2】蚂蚁花呗套现诈骗

2022年刚上大学的小刘，因为平时大手大脚花钱，又刚买了新手机，导致手里没钱。他正在苦恼之时，在微信里看到有花呗套现的消息，于是就联系了对方。小刘根据对方的提示，通过对方发来的二维码拍下价值10 000元的商品，然后将订单截图给了对方，等待对方打款给自己。等了十多分钟，毫无音讯，小刘开始着急。对方告知商家正在进行提现操作，要求小刘先支付500元的手续费。随后，小刘支付给对方500元，订单显示发货并完成交易了。小刘再三催促对方，但得到的回复总是让他继续等待，随后竟然找不到对方了。这时，小刘才醒悟自己被骗了。

【分析】

随着社会的发展，生活节奏的加快，安全快捷的支付方式越来越得到人们的认可，二维码技术也就应运而生。二维码具有储存量大、保密性高、追踪性高、抗损性强、备援性大、成本便宜等特性，这些特性特别适用于表单、安全保密、追踪、证照、存货盘点、资料备援等方面。伴随着智能手机的发展，二维码技术也应用到手机购物、货物配送、票务销售等领域。这一方面提升了支付的便利性，另一方面也由此给骗子行骗带来了可乘之机，可能受害人只是在手机上轻轻地一点，还没有意识到上当的时候，骗子已经把他口袋里的钱骗走了。

到底什么是二维码知识？它又是怎么把我们的钱骗走的呢？二维码又称QR Code，QR全称Quick Response，是近几年来移动设备上流行的一种编码方式，它比传统的Bar Code条形码能存储更多的信息，也能表示更多的数据类型。2016年8月3日，支付清算协会向支付机构下发《条码支付业务规范》（征求意见稿），意见稿中明确指出支付机构开展条码业务需要遵循的安全标准。

二维码具有信息获取（名片、地图、Wi-Fi密码、资料）、网站跳转（跳转到微博、手机网站、电脑网站）、广告推送（用户扫码，直接浏览商家推送的视频、音频广告）、手机电商（用户扫码即可用手机购物下单）、防伪溯源（用户扫码即可查看生产地；同时后台可以获取最终消费地）、优惠促销（用户扫码，下载电子优惠券，抽奖）、会员管理（用户手机上获取电子会员信息、VIP 服务）、手机支付（扫描商品二维码，通过银行或第三方支付平台提供的手机端通道完成支付）等功能。

具体地说，二维码技术具有以下优点。

（1）优点。

① 高密度编码，信息容量大。② 编码范围广。③ 容错能力强，具有纠错功能。④ 译码可靠性高。⑤ 可引入加密措施。⑥ 成本低，易制作，持久耐用。

（2）缺点。

二维码技术成为手机病毒、"钓鱼网站"传播的新渠道。扫描二维码有时候会刷出一条链接，提示下载软件，而有的软件可能藏有病毒。其中一部分病毒下载安装后会对手机、平板电脑造成影响；还有部分病毒则是犯罪嫌疑人伪装成应用程序的木马，一旦下载就会导致手机中的银行账号和密码等被窃取。

【防范方法】

我们要提高防范意识，扫描前先判断二维码发布来源是否权威可信。一般来说，正规的图书、报纸、杂志、政府部门官网，以及知名商场的海报上提供的二维码是安全的，但在一些非官方性质的网站上发布的不知来源的二维码需要引起我们的警惕。应该选用专业的加入了监测功能的扫码工具，这样，在扫到可疑网址时，会有安全提醒。如果通过二维码来安装软件，安装好以后，最好先用杀毒软件扫描一遍再打开。其实，绝大部分的恶意二维码都很难直接窃取钱财，而是通过引诱人们安装程序来实施诈骗，所以一定要对二维码保持较高的警惕性，涉及支付时更要特别小心。

【案例 3】盗用 QQ 号或其他社交账号

2022 年的某一天，杜某发现自己的 QQ 账号异地登录了，对方是用手机登录的，不显示 IP 地址，并且对方给自己的所有好友都发了信息，内容是说"我朋友 ×× 有急事要用钱"，让好友打 800 元钱到他提供的账号上。杜某有两个朋友给对方回信息了，对方给杜某的朋友发了一张合成的照片，显示杜某和朋友 ×× 在一起。于是，杜某的两个朋友每个人给对方所提供的账号上打款 800 元。

【分析】

犯罪嫌疑人盗取受害人的社交账号，通过社交账号向受害人的关系人发送信息，利用受害人常用的网络虚拟身份实施诈骗。因为是自己平时熟悉的社交账号发来的消息，受害人的关系人也就轻信了信息，没有核实对方的真实身份。骗子利用盗取的账号对该账号内不特定的人发送消息，且不与账号中的朋友过多地聊天，避免让朋友发觉自己的虚假身份，抓住人们都愿为朋友解决燃眉之急的心理实施诈骗行为。

【防范方法】

首先保护好自身的账号信息，不打开有隐患的网址链接，不下载非正规渠道的软件，不浏览明显带有引诱性质的网站，避免自己的电脑中病毒或者木马；自身的账号不要轻易借给他人使用，在公用电脑上登录个人账号时要注意打开安全登录，要注意电脑应用进程中是否有可疑的程序运行，不要点击"自动登录"，公用电脑使用结束后要及时退出自己的账号，必要时选择删除自己账号的登录记录和个人信息；对于需要帮助的朋友发来的信息，一定要打电话或者通过别的渠道联系上朋友本人，跟朋友确认事情的真实性，千万不能因为着急就不去核实，也不能为了面子就不去落实。

二、不透露

巩固自己的心理防线，不要因贪小利而受不法分子或违法短信的诱惑；无论什么情况，都不向对方透露自己及家人的身份信息、存款、银行卡等情况。如有疑问，可拨打 110 求助咨询，或向亲戚、朋友、同事核实。

我不会告诉你我的个人信息的。

【案例1】冒充公检法诈骗

2021 年 10 月，钱某接到一个电话，对方说因为钱某有张信用卡逾期未还款，银行要把钱某的全部资产冻结。钱某说自己没有信用卡逾期未还款，对方说可能是有人冒用他的身份证办理的，他如果有疑问可以把电话转接上海市松江区公安局经侦支队。然后，另一个区号为 021 的电话打进来，对方称自己是经侦支队的队长，说钱某牵涉一起案件，要对他的财产进行清查，还给了钱某一个网址。钱某进入该网址后，果然看到自己的网上通缉令，有自己的个人信息和护照。之后，对方说要对钱某的财产进行清查，问钱某有多少钱，钱某回答说一共有 15 万元，对方就让钱某把钱全部转到指定的"安全账户"。钱某转完钱后，才察觉到自己被骗了。

【分析】

从上述案例中可以看出，受害人往往在被骗后才发觉自己被骗了。遭遇电信诈骗时，我们如果有一定的防范意识或者有一定的思考时间就能拆穿骗局，但是骗子冒充公检法工作人员，并谎称受害人涉及案件，使受害人在紧张害怕的心理状态下来不及思考，从而中招。有的受害人已经有了一定的防范意识，比如查询对方提到的单位的电话号码，但没有来得及进一步核实就再次陷入骗子的骗局中，一旦进入了骗子精心策划的节奏，再想从骗局中脱离就困难了。

【防范方法】

公检法机关对任何一起案件所涉及的款项的保全、扣押、收缴、追缴都需出具正式的法律文书，不出具法律文书的财产处置都是不合法的。平时我们应多关注法制刊物，多看看法制类的节目，了解基本的法律知识和公检法机关基本的办案程序。接到类似电话一定要问清办案单位和办案人员的信息，通过正规渠道对案件情况、办案单位、办案人员进行核实，核实清楚后再做判断。骗子通过非法渠道获取的个人信息稍加伪装就会变成欺骗的工具，所以平时我们一定要保护好自己及家人的个人信息，即使对方提供的信息都对，也要冷静判断，没必要为没有做过的事情感到恐慌，遇到自己不确信或者核实不了的情况时，可咨询当地的公检法机关，这样骗局自然不攻自破。

【案例 2】冒充熟人、领导诈骗

2020 年某天的下午，张某在家玩手机，一个人通过 QQ 号加其为好友，其以为该人是之前认识的一个朋友国某，便在 QQ 里和对方聊了一会儿。对方说其出海在船上没有信号，让张某替其缴纳护照和船员证的费用，并让张某跟一个海南的手机号联系。张某打通电话后，对方称需要费用 12 800 元，张某说手里只有 2 800 元，对方说可以先缴纳一部分，并发过来一个招商银行的卡号。张某通过支付宝向这个卡号转过去2 800 元后，感觉不对劲，询问国某的妹妹，国某的妹妹说国某根本没有出海，张某这才发现自己上当受骗了。

【案例3】冒充电视台栏目组行骗

　　2021 年 3 月的某一天，李某接到一个陌生电话，对方称是 ×× 电视台鉴宝栏目组工作人员刘某，告诉他购买一套 1 380 元猴年银币就能成为会员。几天后，对方又打电话称能给李某办一个文旅部文化代表名额，需要交纳手续费 40 000 元，李某说自己没有那么多钱了。几分钟后，李某又接到一个电话，对方称是文旅部的司长，说能减免 10 000 元，李某说自己没有那么多钱，就没有交纳这个费用。过了几天，对方又打来电话，称文化代表的名额已经不多了，如果不抓紧办理可能就没有了，问李某还考虑不考虑，并称如果李某真想办理的话就特事特办，可以先行交纳15 000元，后期的费用可以在办理好文化代表名额相关事宜以后支付。李某听后不想错过这个机会，就将15 000元手续费转入了对方提供的账号。几天后，又有电话打进来，对方称李某的文化代表名额已经报上去了，等待审批，文化代表需要集中培训，还需要交纳培训费用5 000元。李某这时候觉得自己上当了，随后拨打电话向某电视台进行询问，电视台的工作人员称根本没有这样的事情，李某才确认自己上当受骗了。

【分析】

盗用账号的骗子往往不过多地与账号中的好友聊天，而是采取"广撒网"的方式给账号内的每个好友都转发诈骗消息。而此案例中骗子并不掌握受害人熟悉人员的账号，而是通过陌生账号和受害人聊天，让受害人产生与熟人聊天的感觉，让受害人把对方当成某个人或者某些人。当我们与陌生人聊天、谈事时，我们思想上会产生自我保护的潜意识，这种潜意识会让我们产生警戒心，会让我们聊天、谈事时更加谨慎；但当我们和熟人聊天、谈事时，我们会因为熟悉对方而放下警戒心，相对于陌生人更有亲近感。特别是相熟的朋友、亲人遇到困难、着急的事情时，会让我们放下戒心，尽力援助。骗子正是抓住我们这个心理，强调事情的严重性、紧迫性，给受害人心理造成压力，即使有时想去核实情况也会碍于时间、面子而放弃，从而受骗。

骗子冒充领导正是因为社会上一些人相信"有领导好办事"，相信领导手里的某些特权能帮助自己得到便宜。骗子在实施诈骗时会让受害人觉得这是领导特殊"照顾"自己，自己和别人不一样，自己是幸运的，得到垂青的。在受害人得到地位上或者名誉上的"满足感""成就感"时降低戒心，就给了骗子可乘之机。

【防范方法】

识破这种骗局首先要明确网络身份和真实身份是有区别的，不能因为感情因素就对网络身份有强烈的代入感，特别是遇到重要、着急的事情时更要弄清事情的始末，万不能不问前因后果就在网上给予他人钱财上的帮助。遇到此类情况时，我们可以通过其他途径联系到本人或者本人的近亲属询问情况，对方如果是微信、QQ联系你的，你就可以通过电话或者见面等其他途径核实情况，不要把多问一句当作没面子，要把多问一句当作关心朋友，这样就很容易能识破骗子设下的骗局了。

做事情不要相信领导、熟人好办事，在社会信息越来越透明、规章制度越来越完善的时代，越来越多的人不会为某件事"开后门"。人们正常办理的业务和合理诉求，都能通过公开、透明的渠道进行办理。我们也不要相信"内部名额""特事特办"，更不能有"给钱能办事"的思想。

【案例4】虚假中奖类

2021年12月18日，某市市民应某报警称：自己在微博上收到客服通知，其购买产品中了大奖，现在可以折现了。于是，他就按客服指导，分多次向对方提供的二维码和银行卡账户扫码支付或转账，被骗36 000元。第二天，市民李某也报警称：家里老人通过电视购物买藕粉了，在寄过来的包裹里发现了刮奖券，显示中了5万元特等奖，老人拨打电话兑奖时，对方让老人花3 000元买会员礼包，后发现被骗。

【分析】

不要抱有"天上掉馅饼"的思想，就像笑话书里讲的，如果哪天天上突然掉下来一块大"馅饼"，那你要小心了，因为这"馅饼"不是圈套就是陷阱。现在的商家和电视节目为了盈利或博得收视率，常会以购物中奖返利和发送短信抽中幸运观众的形式吸引人们消费和关注。骗子正是利用了这种手段对一些受害人实施诈骗，让受害人觉得幸运中奖，飞来横财。

【防范方法】

其实我们识破这种骗局也很容易，就是要克制自己的贪心，任对方怎样花言巧语，我们不打款、不转账，就不会上当受骗。如果真是幸运来临，就让幸运直接"砸"到我们头上，而不是为这份幸运付出钱财的代价。

【案例5】高薪招聘诈骗

刘女士大学毕业后，一直在一家小公司从事文员工作，每月收入3 000多元。一天，刘女士在某招聘互动平台上看到一则招聘酒店经理秘书的广告，她添加了对方人事经理的微信，对方说这份工作的月收入可以达到5万元，且工作轻松。人事经理建议她做点微整形就能达到招聘标准，并且派专人带她到某整形医院。"医生"检查后说微整形手术很快，术后一周她就可以上班。刘女士表示自己没钱整容，整形医院的工作人员马上现场教她用手机在网上贷款，当场贷款打入医院。随后"医生"把她带到一个小房间，在她的下巴和脸两侧各打了几针。一周后，人事经理通过微信通知说她没有被录用。刘女士不仅没有找到工作，还被骗走了 20 200 元，遂报警。

【分析】

诈骗分子常常以"工资日结、多劳多得、时间自由""月薪数万"等噱头吸引应聘者，接着应聘者会被要求先交报名费、体检费、培训费，或者进行贷款美容，然后诈骗分子以职位已满为由不提供职位，或是提供非求职者应聘职位，甚至是收了钱就无法联系。很多招聘信息写得天花乱坠，薪资水平、福利待遇特别好，让很多人看了就心动。而越是在这个时候，越要保持防骗意识，不要轻信。那些忍不住高薪福利的诱惑、跃跃欲试者，最后大多都落入了骗子的陷阱。

【防范方法】

不要轻信网上、朋友圈里转发的高薪招聘信息，要选择正规的招聘网站和人力资源市场。对公司招聘信息要小心鉴别，正规公司都有企业注册信息，可在工商局网站上查询核实。不要被高薪职位所蛊惑，对低门槛、高收入类的工作要格外警惕。应聘时应警惕各种收费行为，因为正规招聘不会索要任何费用。

三、不点链接

在虚拟的网络中，一些人出于好奇或受利益诱惑，会点开陌生人发来的链接。殊不知，这些链接如果是骗子设下的局，你一点开就已经掉入了电信网络诈骗陷阱。电信网络诈骗分子能通过陌生链接实施诈骗，这些链接中含有木马程序，可以非法获取个人信息、银行卡密码或验证码等，从而实施下一步诈骗。所以，陌生链接千万不要点开。

【案例1】积分兑换诈骗

2022 年 3 月，杨先生接到一条由电信运营商发来的积分兑换短信："尊敬的用户您好：您的话费积分 3160 即将过期，请登录 weE-10086. com/bank 激活领取现金礼包。"杨先生见到短信，以为是由运营商发送的，因此并没有怀疑，就在手机上点开了该链接，进入"掌上营业厅"的页面，按照要求填写了姓名、身份证号、信用卡卡号、交易密码、预留手机号码等信息，然后点击下一步，进入"全国银联信用卡提额专用"的页面，被要求下载一个软件（实际上是木马程序）。几分钟后，杨先生的手机收到多笔消费短信，他的信用卡被消费了 15 000 元。

【分析】

诈骗分子用伪基站伪装成电信运营商的号码，向受害人发送带有链接的诈骗短信，诱使受害人在虚假网页上输入包括身份证、信用卡等个人信息。然后，诱骗受害人下载带有木马病毒的软件，窃取用户手机收到的验证码，这样诈骗分子就可以成功盗刷受害人的信用卡。

【防范方法】

对于有网址链接的短信一定要保持警惕，不要轻易打开。即使是自己熟悉的客服号码发来的，也先不要点开，一定要先向服务商的官方客服核实之后再查看。点开的链接，凡是要求填写银行卡账号、密码、手机号、身份证号码这些非常敏感的信息的，可以确定是电信网络诈骗，因为不论是电信运营商，还是政府部门，绝对不会让用户填写这些信息。

【案例2】股票指导诈骗

2022年5月，广东某市居民刘先生上班时，收到一个陌生人的微信添加好友申请。刘先生通过好友验证后，对方称自己是专业做股票投资的，并且给刘先生发了一张自己的股票盈利截图，刘先生看到截图上的金额后十分心动，于是询问对方是怎么操作的。对方趁机询问刘先生愿不愿意跟自己一起炒股，称可以指导刘先生一起赚大钱，刘先生欣然答应了。对方给刘先生发送了一个网站链接，他注册后按照提示在平台注入资金，听从对方的指示购买了几只股票。次日，刘先生登录平台发现购买的股票大涨，账面盈利颇丰，于是便与对方交流心得，对方随后以参加平台活动为由，诱导刘先生追加投资100万元。几天后，刘先生准备将平台账户内150万余元提现时，对方告知需要缴纳个人所得税，刘先生缴纳税费后，对方却联系不上了。

【分析】

诈骗分子通过QQ、微信等社交软件加受害人好友，谎称有投资门路吸引受害人关注。随后给受害人发送链接，让其在虚假平台进行注册，等受害人成功上钩下载APP后，再通过"导师"诱导受害人进行投资。诈骗分子通常会先让受害人尝到一些甜头，以为投资真能获利，然后不断诱导受害人加大投资额度。在受害人着急提现时，诈骗分子会利用受害人急切提现、盲从的心理，再以收取所谓的"保证金""个人所得税"等借口再次诱导受害人打款。

【防范方法】

投资理财一定要找正规渠道，千万不要盲目迷信那些所谓的"稳赚不赔""内幕消息""大师指点"等等。不轻易点击他人发来的链接，更不要随意安装他人推荐的来历不明的 APP。凡是涉及高收益的理财产品，我们一定要提高警惕。

【案例 3】游戏装备诈骗

　　沈阳某大学学生小李除了上课之外，就是在宿舍玩手机网络游戏。2022 年 5 月的一天，游戏中有位陌生人主动联系他，说喜欢他的装备和皮肤，并且想以 2000 元收购。小李感觉，自己把这些装备和皮肤卖掉，用不了多长时间还能打出来，于是便欣然同意交易，还加了这个人的微信。随后，对方通过微信给小李发来一个链接，小李点击链接后，下载了"闪付"平台，然后进行注册交易，并将装备和皮肤挂在平台出售。对方拍下后，小李从平台提现时显示账户被冻结，平台客服称需要向指定账户转账 800 元进行解冻。于是，小李通过手机支付 800 元。支付后，客服称账户金额必须带零头才可以解冻，又让小李向指定账户转账 4 000.01 元。小李转账后，才意识到被骗，立刻报警求助。

【分析】

　　诈骗分子以高价购买游戏装备和皮肤为饵，一步步设套诱骗受害人。只要受害人觉有有利可图，同意进行交易就已经上当了。诈骗分子发送链接，让受害人下载、安装虚假的购物平台与自己进行交易，然后以各种借口要求受害人打款。其实，只要受害人还保持理智，就可以识破骗局，正规的交易平台很多，为什么非要下载、安排其他不知名的平台呢？所以，对陌生的链接和网络平台一定要保持高度警惕。

【防范方法】

　　陌生链接千万不要点，否则一不小心就会落入诈骗陷阱。诈骗分子发来的链接，就是他们设下的圈套，其中要么暗藏木马病毒，要么一点击就转跳到各种钓鱼网站上去，我们只要不点击就不会落入陷阱。

【案例4】虚假购物诈骗

　　2022 年 11 月 11 日，赵某在手机上一个叫"转转"的二手交易软件上看到一款佳能 EOS80D 的单反相机，特别喜欢，于是就在平台上和卖家聊天，对方让他加自己的微信。赵某加了对方的微信后，对方说相机 2 300 块钱，赵某觉得价钱合适，比店面里便宜不少。但是，对方说相机不包邮，得另外支付邮费 50 元，对方先给赵某发了个链接，赵某点进去后发现价钱不对，对方又发过来一个链接，赵某点开后是平台的界面，赵某点击"购买下单"后，跳出来一个二维码，提示赵某扫码支付。赵某用微信支付了 2 350 元。支付过后，对方说还有一模一样的相机，问赵某还要不要。赵某不想要，随便说了个价 1 500 元，对方说 1 800 元，赵某说不要了，对方说 1 500 元也卖，并给赵某发了个链接。赵某支付完成后，发现不对劲，于是进入"转转"查看自己的订单，结果并不存在订单。赵某问对方咋回事，才发现对方已经把自己拉黑了。

【分析】

　　近年来随着网购的兴起，多种网络购物平台层出不穷，各种低价宣传花样不断，内部价、水货价、代购价等等，让人们总以为网上能淘到又便宜质量又好的物品，骗子正是抓住受害人"占小便宜"的心理，利用伪装成网购平台的钓鱼网站，提供虚假链接，让受害人进入自己设好的圈套中，骗取其钱财。

【防范方法】

　　防范此类诈骗要求我们在网上购物时尽量选择知名度比较高的网站，选择店家时选择网站实名认证过的，购物时一定要选择官网上的链接，不要随便打开对方发过来的链接，对网站的域名要有一定的甄别能力。不要抱有捡漏的思想，要知道"天上不会掉馅饼"。不要相信店家夸大、虚假的宣传，售价远低于正常货品价格的商品很可能就是一个购物陷阱。

四、不转账

学习了解银行卡常识，保证自己银行卡内资金安全，绝不向陌生人汇款、转账。

中国人民银行发布《关于加强支付结算管理防范电信网络新型违法犯罪有关事项的通知》，加强账户实名制管理、银行卡业务管理和转账管理。明确自 2016 年 12 月 1 日起，个人通过自助柜员机转账的，在发卡行受理后 24 小时内，可申请撤销转账。

央行新规对 ATM 机转账作出了细致的规定，要求银行和支付机构在提供转账服务时，应向存款人提供实时到账、普通到账、次日到账等多种转账方式，存款人需选择后才能办理。除向本人同行账户转账外，个人通过 ATM 机等具有存取款功能的自助设备转账的，发卡行在受理 24 小时后办理资金转账。在

别演了，我绝对不轻信，不透露个人信息，不转账。

发卡行受理后 24 小时内，个人可向发卡行申请撤销转账。受理行应在受理结果界面对转账业务办理时间和可撤销规定作出明确提示。

除向本人同行账户转账外，银行为个人办理非柜面转账业务，单日累计金额超过 5 万元的，应采用数字证书或电子签名等安全可靠的支付指令验证方式。单位、个人银行账户非柜面转账单日累计金额分别超过 100 万元、30 万元的，银行应进行大额交易提醒，单位、个人确认后方可转账。

根据央行 2016 年 12 月 1 日起执行的规定，同一人在同一银行只能开一个 Ⅰ 类户，已开 Ⅰ 类户，再新开户的，应当开立 Ⅱ 类户或 Ⅲ 类户。其中，Ⅰ 类户是基本无功能限制的"全能型"账户，需通过银行柜台开立，现场核验身份；Ⅱ 类户则是可储蓄理财，限定金融消费支付的"限制级"账户，最高消费和支付单日限额为 10 000 元；Ⅲ 类户则为专门用于快捷支付、免密支付等用途的"小额消费"账户，账户余额不超过 1 000 元。需要指出的是，后两类均通过电子渠道开立，不得进行现金存取。

央行有关负责人解释称，这些规定，一方面是为了遏制不法分子直接购买个人开立的银行账户和支付账户，或收购居民身份证后冒名或虚构代理关系开户；另一方面也是为了规范"一人数折"所造成的银行管理资源浪费，建立个人账户保护机制，避免因银行卡信息泄露而带来的资金损失。

中国人民银行银行账户管理办法

凡在中国境内开立人民币存款账户的机关、团体、部队、企业、事业单位、个体经济户和个人（以下简称存款人）以及银行和非银行金融机构（以下简称银行），必须遵守账户管理办法的规定。

外汇存款账户的开立、使用和管理，按照国家外汇管理局颁发的外汇账户管理规定执行。

存款人在其账户内应有足够资金保证支付。

存款人在银行开立基本存款账户，实行由中国人民银行当地分支机构核发开户许可证制度。

银行对存款人开立或撤销账户，必须向中国人民银行分支机构申报。

存款人不得违反规定在多家银行机构开立基本存款账户。

存款人不得在同一家银行的几个分支机构开立一般存款账户。

存款人的账户只能办理存款人本身的业务活动，不得出租和转让账户。

开户银行负责按本办法的规定对开立、撤销的账户进行审查，正确办理开户和销户，建立、健全开销户登记制度，建立账户管理档案，定期与存款人对账。

开户银行对基本存款账户的撤销，一般存款账户、临时存款账户、专用存款账户的开立或撤销，应于开立或撤销之日起 7 日内向中国人民银行当地分支机构申报。

【案例1】网上代办信用卡

2021 年 7 月的一天，钟某在网上找了一个代办信用卡的网站，并在网站上留了个人的身份证号等信息，第二天有个陌生的号码和钟某联系，对方自称是上海一家金融公司的工作人员，向钟某介绍了如何办理信用卡和信用卡额度相关信息，并称需要 100 元的包装费和快递费，随后钟某用支付宝给对方的银行卡上转了 100 元。三天后，钟某收到对方邮寄过来的信用卡，快递单上没有发货地址。很快，对方打来电话，说钟某收到的信用卡需要到营业厅激活，自己可以帮他代办这个业务，但是需要收取 500 元的手续费。钟某也觉得去营业厅比较麻烦，于是就向对方支付了 500 元手续费。很快，一个自称信用卡中心的人打来电话称，钟某的信用水平较低，需要做一个 10 000 元的银行流水，才能激活卡。钟某按照要求给一个银行账号转了 10 000 元。几分钟后，对方打来电话说激活超时了，让再转账 5 000 元，钟某觉得奇怪，没有给对方转，终于意识到自己可能受骗了，于是拨打了报警电话。

【分析】

骗子抓住一些人通过正规渠道办不了信用卡，通过许诺快速办理或者可以办理高额度的信用卡，吸引受害人上当。不法分子通常利用受害人对信用卡相关手续不熟悉，以服务费、激活费等形式多次向受害人索要钱财。

【防范方法】

防范这种骗局时，要求我们禁止通过非正常渠道办理信用卡手续。办理信用卡应该通过正规渠道，认真接受银行审核，通过网上申请信用卡的一定要通过银行的官方网站，且办理开卡等手续时，一定要通过银行所提供的几种开通渠道。保护好自己办理信用卡的个人相关信息，遇到自己不明白的业务，一定要向银行客服咨询明白，必要时亲自到银行了解情况。

【案例2】网上办理贷款

金某前几天在好贷网申请了贷款，贷款办下来后，金某接到好贷网的通知说会对他进行回访。一天下午，金某接到一个电话，对方自称是一个贷款机构人员，要对他的贷款进行回访，让金某核对信息。对方问了金某的银行卡号，说金某的银行卡上得有 2 万元以上的保证金才能贷款，金某也没有多想，就往自己卡里存了 2 万块钱。存过钱后，对方说，这 2 万元得先打到他们那里，跟他们对接，然后他们再把这 2 万元和申请的贷款一起打给金某。过了一会儿，金某收到一条短信验证码，对方问了金某手机收到的验证码，金某把验证码告诉了对方，随后发现钱被转走了。

【分析】

受害人为了快速得到较多的贷款缓解资金的压力，选择从网络申请贷款。网络贷款是相对于线下贷款不同的一种方式，现在各种网贷平台，房产抵押贷款平台都可以为融资者和借款人提供借款服务。尽管渠道不一样，但是整个贷款申请流程是一样都不少，所以在贷款前一定先要去了解网络贷款的贷款流程，不要轻信所谓的零手续零抵押高额度的贷款信息。

网上办理贷款

【防范方法】

网络申请贷款一定要找正规的网络平台办理贷款，以免上当受骗。遇到可疑情况，比如贷款完成之前要求先交手续费等，一定要警惕。一定要熟悉贷款的流程，这样也可以避免上当受骗。

正规的网上贷款手续一般包含以下四个步骤：

（1）选择合适的贷款公司和贷款产品。现在网络上的贷款平台很多，而每家贷款公司也根据抵押贷款或者垫资赎楼业务等分不同的产品。所以，首先要了解自己的需求，是短期还是长期，是抵押贷款还是垫资赎楼贷款，如此就可以根据贷款平台上的产品进行选择了。

（2）准确填写贷款申请。贷款人在线填写申请信息，一定要填写申请的地域、申请金额等，并留下电话号码，以保证贷款公司联系。

（3）与信贷员电话沟通。贷款申请过后，网络贷款平台客服人员会与申请人进行电话沟通。其间，通常会问及申请人的个人信用、工作性质、职业属性、收入情况和婚姻状况等资信情况，以及贷款用途、所需钱数、贷款期限等贷款事宜。除此之外，若是申请房屋抵押贷款，还会涉及申请人抵押房屋的面积大小、坐落位置、房龄、朝向等各项问题。切勿缺乏耐心，配合信贷员的调查，就相当于为成功贷款做努力。

（4）贷款合同面签。经过贷款审核的申请人，贷款机构则会主动联络其进入到面签合同的环节。需要特别提醒的是，切勿把签订合同当儿戏，因为其会产生法律效力。所以在此之前，贷款人一定要确认好贷款期限、贷款金额、还款方式、到期还款日等具体细节，包括贷款利率、利息支付方式等，都要了解清楚，防止出现分歧。

待贷款合同签订后，钱便会顺利抵达贷款人的银行账户，剩下的就要根据协议按时还利息了。

【案例3】创业基金申请

2021年9月的一天，卓某通过微信加了一个名为"缘分"的好友，他自称是做黄金生意的老板。卓某和他聊了几天，他说可以给卓某提供60万元的创业基金。过了一个星期，"缘分"给卓某打电话说，60万元的创业基金已经申请下来了，让卓某和律师毛某联系。"缘分"把毛律师的手机号码给了卓某，卓某就给毛律师打了电话，毛律师说当天上午10点给卓某办好手续。随后，毛律师给卓某打电话让其给他汇9 000元的税费，表示9 000元税费到账后他就把60万元的创业基金给卓某汇过来。

毛律师通过短信给卓某发了一个中国邮政储蓄银行的账号，开户名并不是毛某的名字，卓某当时略有迟疑，但是考虑到 60 万元创业基金马上就到账了，就没再多想。卓某在城区邮政储蓄银行的自动取款机上往毛某的指定账户上存了 9 000 元钱，随后毛某的电话就打不通了，"缘分"也联系不上了。

【分析】

受害人轻信了微信好友，相信了"天上掉馅饼"的好事，以为不用任何担保、抵押，不用提供创业项目书，就能拿到所谓的创业基金。特别是近些年某些媒体宣传的用一本项目书就轻松拿到别人投资的所谓的成功的风投案例，更是给了一些人"希望"，让他们无法理性地看待问题，相信有"天上掉馅饼"的好事，结果却上当受骗。因此，对于微信好友提及的"好事"一定要保持警惕，对于微信上的好友也要加以区别，哪些是工作上的朋友，哪些是生活中的朋友，哪些只是网上认识的朋友。即使是熟悉的好友，也要确认好友的身份，以及是否好友本人在使用微信。

【防范方法】

诈骗分子通过社交软件联系受害人，将自己包装为成功人士，以为受害人提供创业基金为幌子，诱骗受害人转账汇款。这种骗术并不高明，但是一些受害人偏偏做着天下掉馅饼的美梦，最终才发现是个陷阱。所以，当"馅饼"不期而至时，一定要先多想想：对方凭什么会这么慷慨地帮助自己？其实，他们在意的只是你的钱包。我们要放弃不切实际的幻想，只要涉及转账汇款，切记要三思而后行。

【案例4】补贴退税类

郑某考虑许久，攒钱买了一辆特斯拉电动汽车，十分爱惜。购置汽车一个礼拜后，郑某突然接到一个电话，对方在电话中说买车有 3 000 元补贴。第二天上午，对方发过来一条信息，让郑某跟另一个客户经理联系补贴的事情。所谓的客户经理在电话里给郑某报了一个银行账号，称通过 ATM 机操作即可领取补贴，郑某随后去了银行，按照对方的指示一步一步操作，随后郑某的银行账户被转走 22 300 元。郑某发现自己上当后，拨打了报警电话。

【分析】

这是典型的个人信息泄露造成的电信网络诈骗案件，骗子通过非法渠道获取了受害人购置汽车的时间、车型等信息，又通过购置单上的买车信息了解了郑某的姓名、电话号码等个人信息。因骗子在郑某购买后不久联系到郑某，对郑某买车的情况又十分了解，郑某下意识地认为这是汽车销售商联系的自己，陷入了骗子的圈套。

【防范方法】

识破这种诈骗的方法是，首先，保护好自己的个人信息，当有人联系我们退税补贴时应问清退税的具体税种、补贴的具体名目，问清后通过官方渠道询问补贴退税的具体条件、程序和部门，以及自己是否达到国家的补贴退税政策要求。任何情况下都不要通过事先转账或者操作 ATM 机领取补贴退税，补贴和退税款会直接打到你的个人银行账号上。

【案例5】网络游戏诈骗类

　　2021年的一天，沉迷于网络游戏的黄某发现有一个玩家在游戏中喊话，说自己游戏币卖得便宜，黄某就把该玩家添加成了自己的游戏好友，随后对方给他发了一个买卖游戏币平台网络链接，称通过该网站购买游戏币点低，可以省不少钱，黄某点开该网友提供的游戏币买卖平台购买游戏币时，输入银行账户、密码又给网站提供了三次手机验证码后，发现自己的银行账户被转走4 851元。

【分析】

　　其实在网络游戏这个虚拟的世界中有很多这样的骗子，骗人购买自己的账号，骗人低价购买游戏币，骗人登录注册伪装的充值网站，低价代练，等等。在这种虚拟的世界里，游戏玩家往往更没有真实社会中的道德责任感和遵纪守法的意识，没有道德的约束、法律的框架，这正是骗子实施诈骗犯罪的温床。

【防范方法】

防范这种诈骗的方法是，不要轻易在游戏过程中向别人提供自己的个人信息。很多骗子冒充玩家，会通过各种手段套取其他玩家的真实信息，这时候我们要提高警惕，不要轻易向陌生人提供个人信息。我们玩游戏的初衷是要体验游戏本身的快乐，不要让玩游戏变了质。玩游戏靠实力不靠花钱。我们花钱无非是想快速升级，快点拿到自己想要的装备。其实如果认真靠自己的实力玩游戏，不涉及金钱，或许我们就不会被骗了。其实网络游戏也只是休闲娱乐的一种方式，我们要克制自己，不要沉迷其中。大多数被骗的网游朋友都是因为对一个游戏过于沉迷，以致失去自己应有的判断力，最终上当受骗的。如果有人在游戏里向你伸出橄榄枝，那么你一定要提高警惕，因为天上没有掉馅饼的事儿，没有平白无故的恩惠。除了上述以外，最重要的还是回到一直强调的一点：自己要有安全防范意识。只有自己的安全防范意识提高了，才能守住最后一道防线，避免受骗。

71

四、预防电信网络诈骗小贴士

通过上文列举的各种案例，结合公安机关办案民警的意见和社会电信网络诈骗现象的相关调查统计，借鉴各种平台宣传防范电信网络诈骗的建议，要做好电信网络诈骗的防范工作，我们需要在日常工作生活中做到"六个一律""八个凡是不要信"。

▶ 六个一律

接听陌生电话只要一谈到"银行卡"，一律挂断；只要一谈到"中奖了"，一律挂断；只要一谈到"电话转接公检法"的，一律挂断；所有短信，让点击链接的，一律删掉；微信不认识的人发来的链接，一律不点；一提到"安全账户"的，一律是诈骗。

▶ 八个凡是不要信

凡是自称公检法要求汇款的不要信；凡是被要求汇款到"安全账户"的不要信；凡是通知中奖、领奖要先交钱的不要信；凡是通知家属"出事"要先汇款的不要信；凡是在电话中索要银行卡信息及验证码的不要信；凡是让开通网银接受检查的不要信；凡是自称领导要求汇款的不要信；凡是陌生网站要登记银行卡信息的不要信。

第三节　遭受电信网络诈骗后的补救措施

一、遭受电信网络诈骗后的做法

首先，向公安机关报案或通过反诈骗平台报案，是挽回经济损失的最快、最直接的方法；

其次，提供案件线索，打击电信犯罪，抓获相关犯罪嫌疑人；

最后，参与到电信网络诈骗防范宣传中来，以自己的亲身经历去教育身边的人，让自己的亲戚朋友不再受骗。

虽然说对于电信网络诈骗犯罪来说"打"不如"防"来得有效，但是一旦被电信网络诈骗行为侵害，我们也要有足够的应对措施，挽回不必要的损失，切勿病急乱投医，再次落入骗子的圈套。

二、遭受电信网络诈骗后补救时的做法

▶ 找到正确的时间点补救

如果一旦发现钱财被诈骗，第一时间报警十分重要，只有被骗群众及时报警，反诈骗部门才能采取措施及时止付，封堵被骗资金。追踪封堵赃款的黄金时间多在汇款转账后的半个小时以内，所以，这半个小时也被称为"止付黄金半小时"。在黄金半小时内说清涉案通信号码和银行账号等关键信息，为反诈骗中心的快速处置提供必要条件，才能最大限度追回被骗资金。

▶ 找到正确的途径补救

不管通过网站、电话，还是到公安机关报警补救，都应通过网络违法犯罪举报网站、110 报警平台等正规的途径进行求助。如果被骗时间短，应先行通过电话方式进行报警，及时止付；如果被骗时间较长，建议先行整理好自己被骗的相关证据和骗子们使用的账号、电话信息等，尽量向公安机关提供详尽的证据材料，向公安机关详述自己被骗经过，并提供线索，为公安机关找到电信诈骗的犯罪嫌疑人提供便利。

三、找到正确的方式补救

提高自己的防范意识固然十分重要，但由于骗子的骗术总是花样翻新、层出不穷，有时确实让人真假难辨，防不胜防。所以，我们一旦发现自己或者亲戚朋友上当受骗，就需要采取正确的补救措施，才能及时挽回自己的损失，惩治这些犯罪分子。

具体来说，当我们一旦发现自己上当受骗或听到亲戚朋友被骗，首先应立

即拨打 110 电话或者当地反诈骗专线电话向公安机关报案，并提供骗子的账号和联系电话等详细情况，以便公安机关第一时间开展资金封堵和侦查破案。

经公安部授权，各省公安厅地市级公安局已经逐步成立了打击防范电信网络诈骗犯罪信息平台、反虚假信息诈骗实战平台和电信网络诈骗侦办平台，该平台的中心职能是银行卡账号以及第三方支付平台的止付、查询、冻结以及解冻，并与金融机构协作，在平台内成立查控中心，建立完善警银联动工作机制，建立快速查询、止付、拦截通道，实现电信网络诈骗犯罪案件受理、查询、处置一体化，为全国打击防范电信网络诈骗犯罪提供资金流查控等服务。

目前，全国各级公安机关刑警队、派出所已全部接入电信网络诈骗案件侦办平台。各级公安机关刑警队、派出所接报电信网络诈骗案件后，第一时间查明涉案的一级账户，并在 30 分钟内将简要案情和一级账户的姓名、账号、转账时间等信息录入平台。设在公安部刑侦局的全国打击治理电信网络新型违法犯罪专项行动办公室，实时审核各地接警录入侦办平台的涉案账户信息，

110 吗？我刚遇到了电信网络诈骗，证据是……

并与相关银行紧密协作，开展紧急止付工作。

当受害人意识到上当受骗后应当立即报案，拨打110电话或者直接到公安机关报案，办案民警会按照先止付后询问的原则处置。止付时，需要向民警告知你的真实姓名和身份证号码，并提供你转出现金的账号和开户行信息、转账的具体时间和准确金额，以及骗子的银行账号、用户名、开户行（银行的柜台和银行客服都可以帮忙查询）信息。此外，你还要提供汇款凭证或者电子凭证截图。

在搜集上述信息后，报警系统可以凭借这些信息，对嫌疑人的银行卡进行紧急止付，尽最大努力保护你的财产安全。需要再次强调的是，为了尽快追回损失，如果发现被骗，尽量在30分钟内完成以上操作。

四、正确及时保留相关的证据

首先，证据是我们报案和公安机关立案的重要依据，也是公安机关继续办案的案件线索，更是将来我们追回损失的重要凭证。所以，正确和及时地保留证据是在出现电信网络诈骗后我们应当具备的意识和能力。

其次，我们要以正确的方式保留相关证据。证据本身是有证明力的，公安机关会通过合法的途径依照合法的程序进行提取。我们需要做的就是尽量保持证据的原始状态，即保持证据的初始性、完整性和客观性。对电信网络诈骗中使用过的手机、电脑等设备中的信息不要删除和修改，要知道有可能破案的线索就藏在这些信息中。

再次，电信网络诈骗中的证据比较单一有限，证据往往以电子证据的形式出现，由于一些电子设备的特点，及时地保留证据可以有效避免证据的丢失。

最后，将保留好的证据提供给公安机关。一般在黄金半小时内做完自己该做的事情后，即止付完成后，民警会对受害人进行询问，询问时受害人要将案发时间、案发地点、诈骗分子通信账号（如QQ、微信等）、受害人的通信账号、诈骗借口、损失金额详细提供给警方，并将自己的身份证号码、交易单据记录、汇款银行账号、骗子的银行账号、聊天记录、通信记录等交由民警作为案件证据继续调查使用。民警会将受害人的账户录入公安部电信网络诈骗侦办平台，并通知相关部门争分夺秒地工作，短时间内将被骗的款项冻结。冻结成功后，凡是由反诈中心冻结的账户，办案单位均可进行资金原路返还工作，办案人员会依照程序将被骗款项返回到受害人账户中。受害人应配合公安机关将相关线索提供给办案民警，接受办案民警的询问，办案民警会将骗子的手机号码信息、银行账号信息、诈骗网站信息分类登记入册，便于公安机关搜集证据，打击电信网络诈骗犯罪。

第三章 参与电信网络诈骗斗争

第一节 电信网络诈骗预防教育概述

随着互联网、通信网络的不断发展，不法分子利用电话、网络、伪基站等现代通信技术和网络结算方式实施诈骗的犯罪活动呈现逐年增多的趋势，其诈骗手段不断翻新，花样层出不穷，冒充公检法、学校、社保局，谎称包裹、购车退税、银行卡被盗刷等实施诈骗，损害了人民群众的财产安全、人身安全，破坏了社会诚信体系，影响了社会稳定。为此，积极开展电信网络诈骗预防教育具有重要的现实意义。

一、什么是电信网络诈骗预防教育

电信网络诈骗预防教育是指通过各种途径让人们了解和认识电信网络诈骗的基本手段和相关知识，揭示电信网络诈骗对个人、家庭和社会的危害，提高全民防范电信网络诈骗的能力，鼓励公安机关、团体和个人积极参与防范电信网络诈骗的斗争，从而构筑全社会防范电信网络诈骗的有效体系。

二、电信网络诈骗预防教育的实施主体和教育对象

电信网络诈骗预防教育的实施主体不仅包括各级领导机构，公安、宣传、教育、卫生、民政、司法等部门，还包括乡镇基层政府、村民委员会、街道办事处、居民委员会等基层组织，以及电信网络诈骗预防教育志愿者及广大人民群众。

电信网络诈骗预防教育的对象可分为一般对象与重点对象。所谓一般对象，是指不论男女老幼、干部群众、有业无业等，都是电信网络诈骗预防教育的对象。全体社会成员，都应该无条件地接受电信网络诈骗预防教育，都应该了解和懂得有关基本常识，提高防范意识，积极响应并自觉参与各种防范诈骗活动。所谓重点对象，是指老年人、在校学生、文化程度低等易受骗的人群。对于重点对象，应加大教育力度和教育的针对性。

三、电信网络诈骗预防教育的内容和形式

电信网络诈骗预防教育的内容一般包括：

（1）认识电信网络诈骗，中外合作反诈骗斗争情况等。

随着互联网应用的迅速普及，以及互联网金融业的发展，信息化的通信工具、便捷的互联网被大量不法分子滥用，电信诈骗犯罪越来越猖獗，手段花样不断翻新，呈现高发态势，人们防不胜防。

由于电信网络诈骗由来已久，境内境外勾连共同犯罪模式突出。为彻底打掉电信网络诈骗团伙，我国公安机关大力加强国际和地区间执法合作，与多个国家和地区警方联手，重拳打击在国外实施犯罪的团伙成员和幕后组织者。近两年来，公安机关破获多起特大跨境电信网络诈骗犯罪案件，从国外押解多名电信网络诈骗犯罪嫌疑人回国。

2020年12月，浙江公安机关深挖出一个盘踞在柬埔寨的电信网络诈骗集团。公安机关查明，该诈骗集团在境外搭建虚假投资平台对我国公民实施诈骗，抓获犯罪嫌疑人400余名，涉案金额1.5亿余元。

2021年4月，福建公安机关深挖出一个盘踞在缅北地区的电信网络诈骗集团。公安机关查明，该诈骗集团先后在东南亚一些国家设置窝点，对我国公民实施虚假投资理财、刷单等电信网络诈骗，抓获犯罪嫌疑人80余名。

2021年6月，河南公安机关根据受害人报案线索，深挖出一个盘踞在缅北地区的电信网络诈骗集团。公安机关查明，2019年2月至2021年7月，该

诈骗集团先后在缅北地区多处设置窝点对我国公民实施电信网络诈骗，抓获犯罪嫌疑人 100 余名，涉案金额 1.2 亿余元。

2021 年 6 月，重庆公安机关在核查有关案件线索时，深挖出一个盘踞在境外的电信网络诈骗集团，查明该诈骗集团在缅甸等地，通过设立虚假投资交易平台对我国公民实施诈骗，抓获犯罪嫌疑人 100 余名。

2021 年 8 月，湖南公安机关从"断卡"行动线索入手，深挖出一个盘踞在缅北的电信网络诈骗集团，查明该诈骗集团多次组织人员偷渡到境外从事电信网络诈骗活动，并在境外搭建虚假投资平台对我国公民实施诈骗，抓获犯罪嫌疑人 70 余名。

（2）掌握电信网络诈骗知识，包括电信网络诈骗的概念、种类、不同特征等，以及其造成的各种危害。

知己知彼，百战不殆。人民群众只有认识了电信网络诈骗，才能有针对性地防范，才能更有力地与其斗争。因此，防范电信网络诈骗的宣传教育内容中，重点就是要掌握骗子的诈骗套路、手法，抓住其特征，透析其本质，从而有效应对。

（3）了解受骗原因，包括上当受骗的起由、受骗者的心理特征等。

① 缺乏常识性知识。易受害人员往往缺乏一些常识性的知识。如大学生涉世未深，不了解社会，安全防范意识较弱，容易轻信他人的花言巧语。老人接触新事物渠道比较少，受亲情、利益影响大，容易被蒙蔽。

② 防范意识淡薄。不法分子往往通过编造亲友发生意外、受害人涉嫌犯罪等虚假情境，来恐吓受害人，使得受害人在惊惶之际对不法分子的话深信不疑，由于防范意识弱，忽略了对其言语进行理性求证，导致上当受骗。

③ 贪图私利的欲望。受害人贪图小利的心理动机常是导致电信网络诈骗得逞的先决条件。尤其是在中奖诈骗、网络购物、股票投资、保险分红等形式的电信网络诈骗案件中，受害人之所以屡屡中招，往往都是因为贪念。

我中奖了！是不是要捡一个大便宜？

（4）知悉有关电信网络诈骗的法律法规。

相关行业应担负起防止电信网络诈骗犯罪的职责任务，制定相关的行业规章，构建安全防护机制。广大人民群众应了解维护个人信息安全的法律法规，提高个人信息防护意识，提升诈骗防范能力。

（5）提高防范意识，包括了解掌握一些识别电信网络诈骗的技能等。

电信网络诈骗预防教育既要充分利用报刊、广播、电视、互联网等大众传媒的功能，又要善于发挥标语、墙报、招贴画、文艺演出等群众性宣传方式的作用；既可采取专题讲座、课堂讲授等形式，又可采取谈话、讨论等形式。方法可以多种多样，形式可以丰富多彩，关键是因地制宜，务求实效。

第二节　电信网络诈骗预防教育宣传

为深入贯彻落实习近平总书记重要指示精神和党中央决策部署，贯彻落实中共中央办公厅、国务院办公厅印发的《关于加强打击治理电信网络诈骗违法犯罪工作的意见》，中央宣传部、公安部于 2022 年 5 月 10 日联合启动"全民反诈在行动"集中宣传月活动，进一步加强宣传教育，发动群众力量，汇聚群众智慧，营造全民反诈、全社会反诈浓厚氛围。根据活动安排，各地各部门将在全国范围内组织开展防范电信网络诈骗违法犯罪系列宣传教育，针对易受骗群体开展精准防范宣传，不断推动反诈防诈知识进学校、进社区、进农村，着力构建全方位、广覆盖的反诈宣传教育体系。

电信网络诈骗的受害群体人员广泛，特点各异。老年人活动范围局限性比较大，主要活跃于菜市场、公园、广场等地，信息的获取与接收程度不如其他群体高；中年人经济基础较雄厚，同时肩负养家的重任，生活压力大；青年人思维活跃，喜欢接触新鲜事物；学生群体接触社会少，社会经验不足。针对不同群体的特点，应该选择合适的形式、有针对性的内容进行宣传教育。

▶ 抓住学校关键点

利用学校开学时、大中小学放假前期等特殊节点，走进学校进行电信网络诈骗预防宣传。开展"防诈骗宣传进校园"等活动，通过开设法制课堂、广泛张贴宣传海报、循环播放主题短片等形式，结合"虚假录取""生病打钱""淘宝退货"等与学生密切相关的案例，细致讲解通信网络诈骗常见手段，力争使每名学生都成为防范电信网络诈骗犯罪的宣传员，随时向家中父母、老人进行重点提醒。

▶ 夯实社区基本点

依据居民作息规律，在日常上下班、晚间休闲及周末活动等时间段，把老年人、家庭妇女作为易受骗重点人群，进行集中防诈骗宣传。同时，组织社区民警会同居委会，采取每月召开警民恳谈会的形式，及时向辖区群众通报发案情况、剖析典型案例、宣传防范技巧，提高群众防范电信诈骗水平。

▶ 盯牢单位危险点

针对企业单位财会人员素质水平不一、防范通信网络诈骗意识薄弱、资金安全风险较大的实际，公安部门深入分析，结合电信网络诈骗的发案特点，走访辖区企事业单位，提醒财务人员要重点防范犯罪分子利用 QQ、微信冒充领导实施的电信网络诈骗，在进行转账前，必须通过电话或者当面确认的方式开展核实工作，避免重大财产损失。通过宣传，切实提高企事业单位的防电信网络诈骗能力。

以下，将分别阐述如何在校园、社区、乡村中进行防范电信网络诈骗的宣传教育。

一、防范电信网络诈骗宣传教育进校园

近年来，随着互联网技术的迅速发展、智能手机的广泛普及以及电子支付方式的不断出新和完善，学生群体成为网络技术使用和网上购物消费的主力军。不法分子利用学生思想单纯、涉世经验不足，有目的地针对学生设置骗局，进行电信网络诈骗，手段不断翻新，致使高校内针对学生的电信网络诈骗案件呈井喷态势。对此，高校的保卫部门在预防电信网络诈骗案件时必须创新思路，依托高校警务室加强宣传，联合防范和打击电信网络诈骗，警校合作共同保护学生的网络使用安全。

同时，广大学生也可以积极投身于防范诈骗的工作之中，学生代表可作为义务宣传员，推广防范电信网络诈骗的微信公共号，散发防范手册，并每月汇总微信公众号推广情况。宣传员们还可以自编自导自演系列防诈骗微电影，在校园内上映，以此进行预防警示教育。

2021 年 12 月 15 日下午，上海市公安局金山分局联合海棠小学开展"反诈宣传进校园，防范诈骗齐步走"入校宣传活动，活动以学生们自主创作的反诈文创作品展览作为开场。在活动中，金山公安分局民警与金山分局特聘反诈宣讲员通过讲授、剖析电信网络诈骗典型案例引导师生、家长识别电信网络诈骗

套路、提高预防电信网络诈骗警觉性。为了进一步检验、巩固学习成效，活动中还穿插了"知识竞答"环节。学生及家长纷纷表示，活动很有趣，短时间内就了解到很多反诈常识，填充了知识盲区。

2022年9月5日，北京市海淀区公安局民警在清华大学的军训场上，为清华新生开展反诈宣传课。民警针对电信网络诈骗案件频发、高校学生逐渐成为易受骗群体的特点，为有效防范校园电信网络诈骗案件发生，切实维护学生财产安全，海淀公安分局专门选派高校内保支队、刑侦支队反诈中心、反特巡支队、属地派出所等单位的优秀民警组建校园安全宣传团队，主动走进大学校园，利用军训间隙，采取互动性较强的"小快灵"形式开展面对面线下反电信网络诈骗宣传活动，为学生们上好开学"反诈第一课"。

2022年9月15日，贺兰山西路派出所深入辖区中学开展预防电信网络诈骗宣传活动。民警通过讲述典型案例、播放反诈宣传片以及发放宣传资料等形式，对当前电信网络诈骗犯罪作案手段隐蔽化、科技化、犯罪区域化、团伙化、诈骗金额高等特点进行了详细剖析，使广大师生对电信网络诈骗有了更进一步的了解。民警提醒全体师生要高度警惕，不贪小便宜，不被虚假广告迷惑，在日常生活中要学会保护个人信息，不随意泄露个人信息。要求师生们积极将宣传单、宣传画册带回家，向亲属、朋友进行大力讲解宣传，筑牢防电信网络诈骗的安全"防火墙"。

二、防范电信网络诈骗宣传教育进社区

社区群众中蕴含防范电信网络诈骗的丰富资源，如人力、物力、财力、技术、信息等，为电信网络诈骗预防工作的开展提供了资源保证。

电信网络诈骗预防工作社会化，就是在全民共建和谐社会的历史条件下，创造性地坚持党的群众路线，广泛地发动群众，组织群众，依靠群众，实行群防群治。对社区电信网络诈骗预防来讲，就是依托社区这个由基本群众组成的最基本的社会实体单元，走组织发动和依靠群众这一根本途径，把蕴藏在社区

中的各种资源有机整合、调动起来，依靠各种社区组织和力量解决电信网络诈骗问题。多年的斗争实践，使我们更加清醒地认识到，电信网络诈骗问题作为当今社会的一大顽症，仅仅依靠专门力量开展工作远远不能适应斗争形势需要。特别是我国目前处于并将长期处于社会主义初级阶段，这一基本国情决定了在短期内行政力量投入状况（包括人、财、物等）不可能有太大的改善。因此，治理电信网络诈骗问题，势必要动员全体民众参与。

2022年5月31日，重庆市第二中级人民法院联合重庆市人民检察院第二分院、重庆市万州区人民检察院前往万州区新田镇五新社区，开展预防电信网络诈骗及防范养老诈骗宣传活动。在宣传活动中，干警们用通俗易懂的语言向群众介绍常见的电信网络诈骗类型，并结合典型案例进行防骗提示，提醒群众铸牢反诈意识，提高防骗能力，不轻信他人，遇到可疑情况找亲朋好友商议或者报警，防止上当受骗。工作人员还向群众发放防范电信网络诈骗、养老诈骗宣传手册。

2022年7月5日，井冈山市人民法院组织干警深入映山红路社区开展防范电信网络诈骗宣传活动。干警在社区开展了"防范电信网络诈骗"专题讲座，向社区群众介绍了常见电信网络诈骗的方式，讲述了预防电信网络诈骗的方法，并且提醒群众不轻信陌生电话和信息，不向陌生人透露自己及家人的身份证信息、存款、银行账号等情况，不轻易点击不明链接和告知陌生人验证码，如发现疑似诈骗的线索应立即报案，谨防上当受骗。

2022年11月，中国移动苏州分公司深入吴江汾湖街社区，开展预防电信网络诈骗宣传活动。他们在活动现场，向中老年人群宣传相关法律法规和防范电信网络诈骗知识，耐心地介绍电信网络诈骗类型和形式，围绕常见的"疫情"骗局、"钓鱼广告"、"养老"骗局等具体案例进行讲解，提醒大家不要向陌生人透露自己及家人的身份证信息、不点击不明链接，谨防上当受骗，树立风险防范意识。提醒大家公检法机关不会通过电话、微信等社交软件办案，更没有所谓的"安全账户"，并且劝导老人们下载"国家反诈中心"APP，为他们的"钱袋子"上了一把"安全锁"。

三、防范电信网络诈骗宣传教育进乡村

我国拥有极大数量的乡村，相比于城市，大部分乡村的发展水平不高，大量的人员外出务工，留守人员多为老人和儿童，这也给诈骗人员提供了可乘之机。所以说，防范电信网络诈骗宣传教育进乡村是十分有必要的。

随着城市人民防范意识的增强，电信网络诈骗在城市之中逐渐变得较为困难，这使得骗子们将魔爪伸向了乡村的朴实群众，例如曾经在城市中很流行的刮卡中奖诈骗活动现今流向了乡村，同时骗子也会对有外出务工人员的家庭进行冒名的诈骗。因此，乡村民警有义务对村民进行相应的电信网络诈骗预防教育，防止诈骗案件的发生，保护乡村百姓的财产，不要让悲剧再发生。

2022年初，贵州思南县多措并举在辖区持续开展防范电信网络诈骗宣传工作进农村活动。工作人员通过发放宣传资料、设置宣传展板、现场接受咨询等方式，召开群众会、院坝会，与村民面对面开展反电信网络诈骗宣传。工作人员对近期电信网络诈骗犯罪分子行骗的手段、特点、典型案例等内容进行讲解，提醒广大村民注意保护个人隐私，对陌生电话和信息要提高防范意识，遇到可疑情况时，多与亲戚朋友沟通商议或及时拨打110报警电话。同时，各个村的村委会定期利用"大喇叭"对村民进行防诈宣传，使反诈知识宣传更深入人心。

2022年11月，济宁市泗水县开展了"网格助力反电诈，精准防范护万家"宣传活动。网格员们通过"线上＋线下"模式，全方位、多角度，让反诈观念深入农村。网格员利用网格微信群、公众号，定期推送宣传"网络借贷诈骗""投资理财诈骗""网络兼职刷单诈骗""冒充公检法诈骗""不明消费短信骗局"等常见电信网络诈骗案例，以案释法，解析诈骗犯罪手法、讲授防诈技巧，提高村民的法律意识和自防自保能力。网格员以逐门逐户走访等方式，向村民讲解电信网络诈骗的种类、惯用手段及应当具备的防范常识，并叮嘱辖区群众不

要轻信不明信息，不要贪图小利，不轻易点击陌生链接，不随意出售、出借个人银行卡及其他支付账户，保护好个人信息，并引导村民下载注册"国家反诈中心"APP，开启诈骗预警功能。

2022年11月，广西壮族自治区贺州市检察院联合当地派出所民警及驻村工作队员到两安瑶族乡三联村开展防范电信网络诈骗宣传活动。在活动中，工作人员深入三联村，结合生活中常见的典型案例，向村民宣讲养老诈骗、电信网络诈骗的惯用套路、常见手法、防范方法以及应对策略，积极解答群众提出的法律问题，同时提醒群众不要轻易将个人资料、银行卡号、存款密码等个人信息告知他人。如果遇到可疑情况，要多和家人、朋友沟通商议或及时报警，以免遭到不法侵害。

第三节　争当防范电信网络诈骗志愿者

2020 年 12 月 25 日，重庆市南岸区反诈联盟成立。重庆邮电大学、弹子石街道、"蓝马甲"志愿者、南岸区公安分局……来自学校、街道、社区、企业、警方等各行业的代表成为该联盟的首批志愿者。志愿者向群众发放防电信网络诈骗宣传资料，开展防电信网络诈骗宣传；对疑似受到电信网络诈骗准备汇款的群众开展宣传工作，劝阻汇款行为；协助被骗汇款的群众报警，开展紧急止损工作；通过在微信圈转发防诈信息，扩大宣传面。

在我国，志愿者行动拥有良好的传统，2008 年北京奥运会的成功举办，离不开广大志愿者的付出与努力；汶川地震、玉树地震期间，一批批志愿者深入灾区，有效协助政府开展救灾行动。目前，在各类大型活动中都能看到志愿者的身影。那么什么是志愿服务？防范电信网络诈骗志愿组织的权利和义务是什么呢？

一、我国青年志愿者行动

志愿服务是文明社会不可缺少的组成部分，是指社会成员自愿贡献个人的时间和精力，不享受任何物质报酬，为推动人类发展、社会进步和社会福利事业而提供服务的活动。志愿服务是世界人道主义援助计划、技术合作、改善人权、促进民主与和平的重要组成部分，渗透于消除文盲、免疫和环境保护等诸多社会活动领域。

青年志愿者行动是我国志愿者服务的主要内容，是体现中华民族助人为乐和扶贫济困的传统美德的高尚事业。1993 年底，共青团中央决定实施中国青年志愿者行动，并于 1994 年 12 月 5 日成立了中国青年志愿者协会。随后，青年志愿者行动迅速在全国展开，青年志愿者行动不断发展，志愿服务的领域不断扩大，志愿者队伍日益壮大。1998 年 8 月，团中央青年志愿者行动指导中心成立，负责规划、协调、指导全国的青年志愿服务工作。

志愿服务正在成为新的社会风尚，志愿者行动符合时代发展的潮流，符合人民群众的需要，蕴藏着巨大的发展潜力，呈现出旺盛的生命力和广阔的发展前景，是一项生机勃勃的事业，许多青年和社会各界群众正积极加入志愿者行列。

志愿服务在全社会弘扬"奉献、友爱、互助、进步"的志愿者精神，倡导时代新风正气，致力于建立互助友爱的人际关系和良好的社会公德，推动社会主义精神文明建设；致力于帮助有特殊困难的社会成员，推动社会保障体系的建立和完善；致力于消除贫困和落后，消灭公害和环境污染，普及科学文化知识，促进经济社会协调发展和全面进步；立足于社会关注、党政关心、青年能为的社会公益事业，是动员和组织青年参加社会主义精神文明建设的有效载体。

二、积极参与防范电信网络诈骗志愿组织

为了进一步提高全民反诈意识，提升群众对新型电信网络诈骗的认识和防范意识，保障群众切身利益，创造良好社会环境，很多地方都成立了大学生、社区居民组成的防范电信网络诈骗志愿者组织。参与志愿者组织后，相关部门会对志愿者们进行防范电信网络诈骗宣传集中统一培训：介绍电信网络诈骗的常见形式、识别和防范方法，结合本地具体案例就如何防范电信网络诈骗进行详细讲解。通过预防电信网络诈骗"培训课"，提高志愿者们的防骗"免疫力"，使他们掌握基本的反诈宣传技巧知识。志愿者培训结束后，会参与公安部门组织的反诈宣传系列活动，向群众发放防范电信网络诈骗宣传资料，开展防范电信网络诈骗宣传；对疑似受到电信网络诈骗准备汇款的群众开展宣传工作、劝阻汇款行动；协助被骗汇款的群众报警，开展紧急止损工作。

现今，在全国类似的防范电信网络诈骗志愿组织很多，每一名公民都应积极地参加到防范电信网络诈骗的志愿服务当中来。同时，防范电信网络诈骗志愿者组织也应像禁毒志愿者组织那样，规划好每一名志愿者的权利和义务。以下是根据其他志愿组织权利和义务进行的相应的规划。

▶ 防范电信网络诈骗志愿者的权利

（1）参加有关防范电信网络诈骗志愿服务活动的权利。

（2）接受防范电信网络诈骗方面知识的教育和培训的权利。

（3）提供防范电信网络诈骗志愿服务时要求组织提供必要的物质保障和安全保障的权利。

（4）对防范电信网络诈骗志愿者组织提出批评、建议和意见并进行监督的权利。

（5）请求防范电信网络诈骗志愿者组织帮助解决在志愿服务活动中遇到的即时困难和问题的权利。

（6）有困难时优先获得志愿服务的权利。

（7）要求防范电信网络诈骗志愿者组织维护青年志愿者自身合法权益的权利。

（8）获得防范电信网络诈骗志愿者组织奖励的权利。

（9）退出防范电信网络诈骗志愿者组织的权利。

（10）防范电信网络诈骗志愿者组织规定的其他权利。

▶ **防范电信网络诈骗志愿者的义务**

（1）履行防范电信网络诈骗志愿服务承诺。

（2）遵守国家法律法规和防范电信网络诈骗志愿者的章程、其他制度。

（3）参加防范电信网络诈骗志愿者组织安排的志愿服务活动。

（4）不损害被服务者的合法权益。

（5）不以防范电信网络诈骗志愿者的身份从事营利性或违背社会公德的活动。

（6）维护防范电信网络诈骗志愿者组织和防范电信网络诈骗青年志愿者的声誉和形象。

（7）每年参加不少于规定小时防范电信网络诈骗志愿服务活动。

（8）奉行中国青年志愿者奉献、友爱、互助、进步的原则。

（9）相关法律法规及团组织、志愿者组织规定的其他义务。

第四节　全民打击电信网络诈骗

进入 21 世纪，中国的金融业和互联网技术迎来了蓬勃发展的黄金期，为广大人民群众的生活提供了极大的便利，促进了社会进步和发展，但与此同时，一些不法分子钻空子、打擦边球，从事电信网络诈骗违法犯罪，损害了人民群众的财产和生命安全，影响了社会的稳定。相应地，我们与电信网络诈骗的斗争也随之展开。

我国反电信网络诈骗历程基本可分为三个阶段：各自为战阶段、联合出击阶段、全民行动阶段。2015 年以前，基本上是公安机关每接到一起案件就处理一起，随后电信运营商、银行也陆续加入反电信网络诈骗行列，属于相对比较被动的各自为战阶段；2015 年 6 月，经国务院批准，公安部、工信部、最高法等 23 个部门和单位，联合建立组成打击治理电信网络新型违法犯罪工作部际联席会议制度，全国掀起大规模的联合行动，我国反电信网络诈骗历程正式进入联合出击阶段。也是在这个阶段，《中华人民共和国网络安全法》《最高人民法院、最高人民检察院关于办理电信网络诈骗等刑事案件适用法律若干问题的意见》等法律法规出台，为打击电信网络诈骗提供法律武器；一些互联网企业也加入其中，为打击电信网络诈骗提供技术支持；2022 年 5 月 10 日，中央宣传部、公安部联合启动"全民反诈在行动"集中宣传月活动，进一步加强宣传教育，发动群众力量，汇聚群众智慧，营造全民反诈、全社会反诈浓厚氛围。联合打击是重要手段，全民行动才是反电信网络诈骗最有效的方式。

一、媒体宣传教育

在本章第二节中，详细介绍了电信网络诈骗预防教育的三大宣传阵地——社区、校园、农村，所采取的形式多种多样，贴近人民生活，主要是以面对面口授为主。如今在这个互联网时代，人人有手机，大家通过上网、玩微信等，可及时了解社会信息动态。因此，相较于组织讲座、散发传单、布置宣传板，利用现代媒体宣传更加便捷、省时、有效。

1. 媒体揭露电信网络诈骗的套路

互联网时代，足不出户便可知天下，正是得益于媒体。手机、电视、互联网、广播、报纸积极揭露电信网络诈骗的套路、招数，告知人民群众如何辨别骗局，如何防骗。现代媒体的宣传报道，效果更加显著。

例如，新浪、搜狐、网易等知名网站上都曾发文或转载相关文章；各大电视台，包括央视、各地方电视台、爱奇艺、腾讯等都制作过有关识破电信网络诈骗招数的视频节目；微博上、微信上有关视频、文章更是实时更新，分析入木三分，给人民群众以警示作用。可以想见，这种时时响彻耳边，刻刻现于眼前的鲜活事例，定能起到警醒作用。

2. 媒体号召全民参与反电信网络诈骗的行动

反电信网络诈骗行动起始于电信网络诈骗的出现，多年来公安机关虽破获多起诈骗案件，但仍收效甚微，这与人民群众的参与程度不高有极大的关系。打击电信网络诈骗要积极依靠人民群众，而媒体正是发动群众的有效媒介。通过媒体，积极宣传群众参与反电信网络诈骗，这样，反诈骗行动才能够事半功倍。

3. 媒体监督相关部门的履职情况

打击电信网络诈骗需要多部门联动，各个部门都必须履职尽责，织密反诈骗网络。是否能够尽职尽责地履行职责，需要部门内的监督，以及各部门间的相互监督，同时，域外的有效监督也极为重要。媒体作为有效的独立监督平台，肩负着发现问题、揭露问题本质、建言献策的重任。

二、群众举报平台

积极开展防范电信网络诈骗教育的目的，就在于提高广大人民群众的防范意识，防止受骗；促使广大人民群众积极协助公安机关打击电信网络诈骗，及时举报诈骗行为。那么，当前我国已经建立了哪些电信网络诈骗举报平台呢？下面，我们对主要的举报平台进行介绍。

1. 网络违法犯罪举报网站

网络违法犯罪举报网站是由公安部网络安全局负责，面向所有人，用于举报网络违法犯罪的网站，它分为"首页""我要举报""举报须知""法律法规""曝光栏""信息公告""工作动态""安全提示"等栏目。"首页"界面是对所有其他界面的汇总，浏览用户可以在首页进入其余各个栏目；"我要举报"界面为注册用户与非注册用户对违法犯罪举报的入口；"举报须知"界面使用户举报前，对受理范围、举报流程、结果查询、隐私保护等相关信息有一定的了解；"法律法规"界面方便用户查询相关的法律法规；"曝光栏"是对相应举报情况的通报；"信息公告"是对每月处理情况的公示；"工作动态"是展示公安部近期工作的情况；"安全提示"是防范电信网络诈骗违法犯罪的相关知识和注意事项。

2.12321 网络不良与垃圾信息举报受理中心

12321 网络不良与垃圾信息举报受理中心为中国互联网协会受工业和信息化部（原信息产业部）委托设立的举报受理机构，负责协助工业和信息化部承担关于互联网、移动电话网、固定电话网等各种形式信息通信网络及电信业务中不良与垃圾信息内容（包括电信企业向用户发送的虚假宣传信息）的举报受理、调查分析以及查处工作。它的工作职责为：接收社会各界关于网络不良与垃圾信息的举报；对举报所反映的问题进行核查、统计和分析，并报送有关部门；监督基础运营商等相关电信企业的网络不良与垃圾信息用户投诉举报受理工作；协助有关部门依法查处被举报的网络不良与垃圾信息；统计、公布网络不良与垃圾信息的处理结果；工业部委托交办的其他事项。它的受理范围为：利用互联网网站、论坛、电子邮件、即时消息、微博等传播、发送的不良与垃圾信息；利用短信、彩信、彩铃、WAP、IVR、手机游戏等传播、发送的不良与垃圾信息；利用电话、传真等传播、发送的不良与垃圾信息；借助其他信息通信网络或者电信业务传播、发送的不良与垃圾信息。

3. 猎网平台

猎网平台是由北京市公安局网络安全保卫总队和 360 互联网安全中心联合发起成立的。猎网平台是一个面向全体网民开放的网络诈骗信息举报平台，平台致力于建设一个警、企、民联动的反电信网络诈骗信息系统，充分结合公安机关的刑侦能力、360 的云安全技术与全国网民的举报线索，实现诈骗风险的第一时间发现、诈骗行为的第一时间阻拦和诈骗犯罪的第一时间打击。网民不仅可以通过猎网平台向公安机关和 360 互联网安全中心上传恶意程序、恶意网址、诈骗电话、诈骗账户等诈骗信息，同时还可以通过文字、图片、录音、影像等多种方式向平台上传自己被骗的经过和犯罪分子的详细信息。

4. 国家反诈中心 APP

国家反诈中心是国务院打击治理电信网络新型违法犯罪工作部际联席会议合成作战平台，集资源整合、情报研判、侦查指挥为一体，在防范、打击、治理电信网络诈骗等新型违法犯罪中发挥着重要作用。国家反诈中心采取民警宣讲、警民互动、网络情景剧、公益宣传片、抓捕实录等多种形式，常态化更新宣传内容，及时发布防骗预警，陆续发布系列情景短片，揭批近来高发的网络贷款、网络刷单、"杀猪盘"、冒充客服退款、假冒熟人、冒充"公检法""荐股"、虚假购物、注销"校园贷"、买卖游戏币等诈骗类型。2021 年

2月1日，国家反诈中心正式入驻人民日报客户端、微信视频号、新浪微博、抖音、快手等五家新媒体平台，开通官方政务号。

下载并安装国家反诈中心APP，注册登录后，在首页点击"我要举报"进入举报页面，选择诈骗类型、填写诈骗电话内容，完成后提交举报。

三、技术护航

电信网络诈骗从21世纪初开始出现，经过多年的发展，手段不断增多，规模不断扩大，具有如下一些新的特点。

利用人性弱点的场景化诈骗，更具隐蔽诱惑性

随着互联网的快速发展，人们对互联网的依赖程度逐步加深，电信网络诈骗也不断变化诈骗方式，设计各种场景，利用人性弱点，将诈骗犯罪行为包装得更隐蔽，更具诱惑性。一些人打着"微商""全新商业模式"等旗号，通过"收入门费""团队计酬""拉人头"的混合传销模式实施非法欺诈行为；而"民族资产解冻"慈善诈骗案中，更是将传统的老骗局通过互联网手段进行了新演变，成为一种新型集返利、传销与诈骗为一体的混合形式犯罪，以人性弱点作为实施诈骗的切入点。

新技术包装下的"精准诈骗"，让安全形势更复杂多样

随着云计算、大数据等新技术应用的增加，利用技术手段实施"精准诈骗"也成为犯罪分子重要的作案手段之一。例如，在"伏地虫"特大手机木马传播案中，犯罪团伙自建专业木马推广平台，将手机木马程序植入到其他APP程序中再上传至平台进行大规模推广；而"果然叼"微信外挂案中，犯罪团伙自己开发外挂程序实施违法犯罪行为，技术背景"实力雄厚"。

分工协作的黑产业链式诈骗，加剧了反诈骗打击难度

在诈骗技术手段"更新换代"的同时，电信网络诈骗另一个更显著的特点在于形成了上下游产业"分工协作"的发展态势，更有加速向全球蔓延、跨越国界实施诈骗的趋势。

电信网络诈骗犯罪，团伙化十分明显

在 2020 年的浙江"12·30"电信网络诈骗案，以及 2021 年的福建"4·09"电信网络诈骗案、河南"6·20"电信网络诈骗案、湖南"8·07"电信网络诈骗案、重庆"6·15"电信网络诈骗案中，犯罪团伙跨越多个国家和省市，为实施抓捕行动带来了很大的难度。这些案件的诈骗分子兼具团伙犯罪与技术实力一体，实现了信息盗取、犯罪实施、洗钱等黑色产业的全流程作业，且环环相扣、互相协作，每个环节均独立秘密运作。

因此，针对上述特点，有效实施反诈骗行动需要有强大的技术支持，给人民群众提供防诈骗预警。

公安部推出了国家反诈中心 APP，为人民群众构筑一道防诈反诈的"防火墙"，国家反诈中心 APP 能确保个人信息安全，它具备诈骗预警和快速举报等功能，对诈骗来电、短信可以进行有效阻断，并且可以对疑似的电信网络诈骗行为进行举报。

2022 年 8 月 27 日，小李同学的学校开学了，有街道民警来学校进行防范电信网络诈骗宣传，并且指导同学们下载国家反诈中心 APP，小李觉得自己肯定不会被骗，也不会去刷单什么的，但是他还是下载了。

中秋节放假期间，小李接到了一个电话，对方准确地说出了他的名字，并且说出了他在淘宝网买了一条某品牌的裤子。小李去看购物记录，发现自己真的买了。然后，对方说自己是那个店铺的客服，现在店铺给老顾客进行优惠活动，加入会员可以享受半价优惠。小李没打算再买裤子，就推辞了，对方又称购物还可以返现，并且说自己不是推销也不是骗子，让小李考虑考虑。小李挂掉了电话后，手机运营商就发短信来提醒刚才的电话是境外电话，请注意辨别。

几分钟后，派出所就给小李打电话，问他是不是接了一个电话，说那个电话是境外的诈骗电话，问他有没有被骗，身份信息有没有泄露。小李说没有被骗，因为手机上下载了国家反诈APP，它有过提醒。很快，小李又收到两条短信，提示他那个电话是境外的诈骗电话，让他一定不要相信。

国家反诈中心APP有多个功能：进行预警提示用户收到涉诈电话、短信或登录涉诈网址时，及时进行预警提示；线索一键举报用户发现涉诈线索时，可以一键举报；涉诈风险验证用户可以通过APP对可疑网友的真实身份、社交账号、交易账号进行涉诈风险验证；了解诈骗套路剖析典型案例，协助用户学习反诈知识，了解诈骗套路，提升用户识骗能力。

要使用国家反诈中心APP，首先需要下载安装，用户要通过手机官方应用市场下载安装国家反诈中心APP，不要通过陌生链接或扫描不明二维码下载APP。然后使用实名注册，并开启来电、短信预警功能。需要注意的是，如果长期未使用国家反诈中心APP，APP会自动跳出登录界面，失去预警保护功能，所以要经常打开APP登录使用并及时进行更新。

面对当前电信网络诈骗技术对抗激烈的态势，工信部坚持"以网管网、以技管网"，加快构建全国一体化的技防体系。为此，工信部组织建设了信息通信行业反诈大平台——12381涉诈预警劝阻短信系统，打通行业指挥平台、基础电信企业、重点互联网企业等相关系统平台联系，打破"数据壁垒"，实现了对涉案号码、域名、互联网账号以及涉诈电话、短信等"一键下发，全网生效"的快速处置能力。

12381 涉诈预警劝阻短信系统主要是基于公安机关提供的涉案号码，利用大数据、人工智能等技术自动识别涉案号码联系过的电话号码，并及时向这些电话号码发送预警劝阻短信，提醒用户警惕潜在受骗风险。

收到 12381 预警短信后，接下来该怎么办呢？首先，要确认短信发送号码是否为 12381。其次，要查看 12381 预警短信中的涉诈号码尾号，及时停止与其发生的通话或短信行为。最后要特别强调的是，12381 预警短信中不含任何链接、微信、QQ 号、其他电话号码等，无须任何回复、回拨。用户如有任何疑问可及时拨打 110、96110 进行咨询，同时也建议用户向银行等支付机构申请紧急止付资金，最大限度避免财产损失。

第四章 知晓法律法规

第一节　反电信网络诈骗的法律

一、《中华人民共和国反电信网络诈骗法》

　　（2022年9月2日第十三届全国人民代表大会常务委员会第三十六次会议通过）

第一章　总　则

　　第一条　为了预防、遏制和惩治电信网络诈骗活动，加强反电信网络诈骗工作，保护公民和组织的合法权益，维护社会稳定和国家安全，根据宪法，制定本法。

　　第二条　本法所称电信网络诈骗，是指以非法占有为目的，利用电信网络技术手段，通过远程、非接触等方式，诈骗公私财物的行为。

第三条　打击治理在中华人民共和国境内实施的电信网络诈骗活动或者中华人民共和国公民在境外实施的电信网络诈骗活动，适用本法。

境外的组织、个人针对中华人民共和国境内实施电信网络诈骗活动的，或者为他人针对境内实施电信网络诈骗活动提供产品、服务等帮助的，依照本法有关规定处理和追究责任。

第四条　反电信网络诈骗工作坚持以人民为中心，统筹发展和安全；坚持系统观念、法治思维，注重源头治理、综合治理；坚持齐抓共管、群防群治，全面落实打防管控各项措施，加强社会宣传教育防范；坚持精准防治，保障正常生产经营活动和群众生活便利。

第五条　反电信网络诈骗工作应当依法进行，维护公民和组织的合法权益。

有关部门和单位、个人应当对在反电信网络诈骗工作过程中知悉的国家秘密、商业秘密和个人隐私、个人信息予以保密。

第六条　国务院建立反电信网络诈骗工作机制，统筹协调打击治理工作。

地方各级人民政府组织领导本行政区域内反电信网络诈骗工作，确定反电信网络诈骗目标任务和工作机制，开展综合治理。

公安机关牵头负责反电信网络诈骗工作，金融、电信、网信、市场监管等有关部门依照职责履行监管主体责任，负责本行业领域反电信网络诈骗工作。

人民法院、人民检察院发挥审判、检察职能作用，依法防范、惩治电信网络诈骗活动。

电信业务经营者、银行业金融机构、非银行支付机构、互联网服务提供者承担风险防控责任，建立反电信网络诈骗内部控制机制和安全责任制度，加强新业务涉诈风险安全评估。

第七条　有关部门、单位在反电信网络诈骗工作中应当密切协作，实现跨行业、跨地域协同配合、快速联动，加强专业队伍建设，有效打击治理电信网络诈骗活动。

第八条 各级人民政府和有关部门应当加强反电信网络诈骗宣传，普及相关法律和知识，提高公众对各类电信网络诈骗方式的防骗意识和识骗能力。

教育行政、市场监管、民政等有关部门和村民委员会、居民委员会，应当结合电信网络诈骗受害群体的分布等特征，加强对老年人、青少年等群体的宣传教育，增强反电信网络诈骗宣传教育的针对性、精准性，开展反电信网络诈骗宣传教育进学校、进企业、进社区、进农村、进家庭等活动。

各单位应当加强内部防范电信网络诈骗工作，对工作人员开展防范电信网络诈骗教育；个人应当加强电信网络诈骗防范意识。单位、个人应当协助、配合有关部门依照本法规定开展反电信网络诈骗工作。

第二章 电信治理

第九条 电信业务经营者应当依法全面落实电话用户真实身份信息登记制度。

基础电信企业和移动通信转售企业应当承担对代理商落实电话用户实名制管理责任，在协议中明确代理商实名制登记的责任和有关违约处置措施。

第十条 办理电话卡不得超出国家有关规定限制的数量。

对经识别存在异常办卡情形的，电信业务经营者有权加强核查或者拒绝办卡。具体识别办法由国务院电信主管部门制定。

国务院电信主管部门组织建立电话用户开卡数量核验机制和风险信息共享机制，并为用户查询名下电话卡信息提供便捷渠道。

第十一条 电信业务经营者对监测识别的涉诈异常电话卡用户应当重新进行实名核验，根据风险等级采取有区别的、相应的核验措施。对未按规定核验或者核验未通过的，电信业务经营者可以限制、暂停有关电话卡功能。

第十二条 电信业务经营者建立物联网卡用户风险评估制度，评估未通过的，不得向其销售物联网卡；严格登记物联网卡用户身份信息；采取有效技术措施限定物联网卡开通功能、使用场景和适用设备。

单位用户从电信业务经营者购买物联网卡再将载有物联网卡的设备销售给其他用户的，应当核验和登记用户身份信息，并将销量、存量及用户实名信息传送给号码归属的电信业务经营者。

电信业务经营者对物联网卡的使用建立监测预警机制。对存在异常使用情形的，应当采取暂停服务、重新核验身份和使用场景或者其他合同约定的处置措施。

第十三条 电信业务经营者应当规范真实主叫号码传送和电信线路出租，对改号电话进行封堵拦截和溯源核查。

电信业务经营者应当严格规范国际通信业务出入口局主叫号码传送，真实、准确向用户提示来电号码所属国家或者地区，对网内和网间虚假主叫、不规范主叫进行识别、拦截。

第十四条 任何单位和个人不得非法制造、买卖、提供或者使用下列设备、软件：

（一）电话卡批量插入设备；

（二）具有改变主叫号码、虚拟拨号、互联网电话违规接入公用电信网络等功能的设备、软件；

（三）批量账号、网络地址自动切换系统，批量接收提供短信验证、语音验证的平台；

（四）其他用于实施电信网络诈骗等违法犯罪的设备、软件。

电信业务经营者、互联网服务提供者应当采取技术措施，及时识别、阻断前款规定的非法设备、软件接入网络，并向公安机关和相关行业主管部门报告。

第三章　金融治理

第十五条　银行业金融机构、非银行支付机构为客户开立银行账户、支付账户及提供支付结算服务，和与客户业务关系存续期间，应当建立客户尽职调查制度，依法识别受益所有人，采取相应风险管理措施，防范银行账户、支付账户等被用于电信网络诈骗活动。

第十六条　开立银行账户、支付账户不得超出国家有关规定限制的数量。

对经识别存在异常开户情形的，银行业金融机构、非银行支付机构有权加强核查或者拒绝开户。

中国人民银行、国务院银行业监督管理机构组织有关清算机构建立跨机构开户数量核验机制和风险信息共享机制，并为客户提供查询名下银行账户、支付账户的便捷渠道。银行业金融机构、非银行支付机构应当按照国家有关规定提供开户情况和有关风险信息。相关信息不得用于反电信网络诈骗以外的其他用途。

第十七条　银行业金融机构、非银行支付机构应当建立开立企业账户异常情形的风险防控机制。金融、电信、市场监管、税务等有关部门建立开立企业账户相关信息共享查询系统，提供联网核查服务。

市场主体登记机关应当依法对企业实名登记履行身份信息核验职责；依照规定对登记事项进行监督检查，对可能存在虚假登记、涉诈异常的企业重点监督检查，依法撤销登记的，依照前款的规定及时共享信息；为银行业金融机构、非银行支付机构进行客户尽职调查和依法识别受益所有人提供便利。

第十八条　银行业金融机构、非银行支付机构应当对银行账户、支付账户及支付结算服务加强监测，建立完善符合电信网络诈骗活动特征的异常账户和可疑交易监测机制。

中国人民银行统筹建立跨银行业金融机构、非银行支付机构的反洗钱统一监测系统，会同国务院公安部门完善与电信网络诈骗犯罪资金流转特点相适应的反洗钱可疑交易报告制度。

对监测识别的异常账户和可疑交易，银行业金融机构、非银行支付机构应当根据风险情况，采取核实交易情况、重新核验身份、延迟支付结算、限制或者中止有关业务等必要的防范措施。

银行业金融机构、非银行支付机构依照第一款规定开展异常账户和可疑交易监测时，可以收集异常客户互联网协议地址、网卡地址、支付受理终端信息等必要的交易信息、设备位置信息。上述信息未经客户授权，不得用于反电信网络诈骗以外的其他用途。

第十九条　银行业金融机构、非银行支付机构应当按照国家有关规定，完整、准确传输直接提供商品或者服务的商户名称、收付款客户名称及账号等交易信息，保证交易信息的真实、完整和支付全流程中的一致性。

第二十条　国务院公安部门会同有关部门建立完善电信网络诈骗涉案资金即时查询、紧急止付、快速冻结、及时解冻和资金返还制度，明确有关条件、程序和救济措施。

公安机关依法决定采取上述措施的，银行业金融机构、非银行支付机构应当予以配合。

第四章　互联网治理

第二十一条　电信业务经营者、互联网服务提供者为用户提供下列服务，在与用户签订协议或者确认提供服务时，应当依法要求用户提供真实身份信息，用户不提供真实身份信息的，不得提供服务：

（一）提供互联网接入服务；

（二）提供网络代理等网络地址转换服务；

（三）提供互联网域名注册、服务器托管、空间租用、云服务、内容分发服务；

（四）提供信息、软件发布服务，或者提供即时通讯、网络交易、网络游戏、网络直播发布、广告推广服务。

第二十二条　互联网服务提供者对监测识别的涉诈异常账号应当重新核验，根据国家有关规定采取限制功能、暂停服务等处置措施。

互联网服务提供者应当根据公安机关、电信主管部门要求，对涉案电话卡、涉诈异常电话卡所关联注册的有关互联网账号进行核验，根据风险情况，采取限期改正、限制功能、暂停使用、关闭账号、禁止重新注册等处置措施。

第二十三条　设立移动互联网应用程序应当按照国家有关规定向电信主管部门办理许可或者备案手续。

为应用程序提供封装、分发服务的，应当登记并核验应用程序开发运营者的真实身份信息，核验应用程序的功能、用途。

公安、电信、网信等部门和电信业务经营者、互联网服务提供者应当加强对分发平台以外途径下载传播的涉诈应用程序重点监测、及时处置。

第二十四条　提供域名解析、域名跳转、网址链接转换服务的，应当按照国家有关规定，核验域名注册、解析信息和互联网协议地址的真实性、准确性，规范域名跳转，记录并留存所提供相应服务的日志信息，支持实现对解析、跳转、转换记录的溯源。

第二十五条　任何单位和个人不得为他人实施电信网络诈骗活动提供下列支持或者帮助：

（一）出售、提供个人信息；

（二）帮助他人通过虚拟货币交易等方式洗钱；

（三）其他为电信网络诈骗活动提供支持或者帮助的行为。

电信业务经营者、互联网服务提供者应当依照国家有关规定，履行合理注意义务，对利用下列业务从事涉诈支持、帮助活动进行监测识别和处置：

（一）提供互联网接入、服务器托管、网络存储、通讯传输、线路出租、域名解析等网络资源服务；

（二）提供信息发布或者搜索、广告推广、引流推广等网络推广服务；

（三）提供应用程序、网站等网络技术、产品的制作、维护服务；

（四）提供支付结算服务。

第二十六条　公安机关办理电信网络诈骗案件依法调取证据的，互联网服务提供者应当及时提供技术支持和协助。

互联网服务提供者依照本法规定对有关涉诈信息、活动进行监测时，发现涉诈违法犯罪线索、风险信息的，应当依照国家有关规定，根据涉诈风险类型、程度情况移送公安、金融、电信、网信等部门。有关部门应当建立完善反馈机制，将相关情况及时告知移送单位。

第五章　综合措施

第二十七条　公安机关应当建立完善打击治理电信网络诈骗工作机制，加强专门队伍和专业技术建设，各警种、各地公安机关应当密切配合，依法有效惩处电信网络诈骗活动。

公安机关接到电信网络诈骗活动的报案或者发现电信网络诈骗活动，应当依照《中华人民共和国刑事诉讼法》的规定立案侦查。

第二十八条　金融、电信、网信部门依照职责对银行业金融机构、非银行支付机构、电信业务经营者、互联网服务提供者落实本法规定情况进行监督检查。有关监督检查活动应当依法规范开展。

第二十九条　个人信息处理者应当依照《中华人民共和国个人信息保护法》等法律规定，规范个人信息处理，加强个人信息保护，建立个人信息被用于电信网络诈骗的防范机制。

履行个人信息保护职责的部门、单位对可能被电信网络诈骗利用的物流信息、交易信息、贷款信息、医疗信息、婚介信息等实施重点保护。公安机关办理电信网络诈骗案件，应当同时查证犯罪所利用的个人信息来源，依法追究相关人员和单位责任。

第三十条 电信业务经营者、银行业金融机构、非银行支付机构、互联网服务提供者应当对从业人员和用户开展反电信网络诈骗宣传，在有关业务活动中对防范电信网络诈骗作出提示，对本领域新出现的电信网络诈骗手段及时向用户作出提醒，对非法买卖、出租、出借本人有关卡、账户、账号等被用于电信网络诈骗的法律责任作出警示。

新闻、广播、电视、文化、互联网信息服务等单位，应当面向社会有针对性地开展反电信网络诈骗宣传教育。

任何单位和个人有权举报电信网络诈骗活动，有关部门应当依法及时处理，对提供有效信息的举报人依照规定给予奖励和保护。

第三十一条 任何单位和个人不得非法买卖、出租、出借电话卡、物联网卡、电信线路、短信端口、银行账户、支付账户、互联网账号等，不得提供实名核验帮助；不得假冒他人身份或者虚构代理关系开立上述卡、账户、账号等。

对经设区的市级以上公安机关认定的实施前款行为的单位、个人和相关组织者，以及因从事电信网络诈骗活动或者关联犯罪受过刑事处罚的人员，可以按照国家有关规定记入信用记录，采取限制其有关卡、账户、账号等功能和停止非柜面业务、暂停新业务、限制入网等措施。对上述认定和措施有异议的，可以提出申诉，有关部门应当建立健全申诉渠道、信用修复和救济制度。具体办法由国务院公安部门会同有关主管部门规定。

第三十二条 国家支持电信业务经营者、银行业金融机构、非银行支付机构、互联网服务提供者研究开发有关电信网络诈骗反制技术，用于监测识别、动态封堵和处置涉诈异常信息、活动。

国务院公安部门、金融管理部门、电信主管部门和国家网信部门等应当统筹负责本行业领域反制技术措施建设，推进涉电信网络诈骗样本信息数据共享，加强涉诈用户信息交叉核验，建立有关涉诈异常信息、活动的监测识别、动态封堵和处置机制。

依据本法第十一条、第十二条、第十八条、第二十二条和前款规定，对涉诈异常情形采取限制、暂停服务等处置措施的，应当告知处置原因、救济渠道及需要提交的资料等事项，被处置对象可以向作出决定或者采取措施的部门、单位提出申诉。作出决定的部门、单位应当建立完善申诉渠道，及时受理申诉并核查，核查通过的，应当即时解除有关措施。

第三十三条 国家推进网络身份认证公共服务建设，支持个人、企业自愿使用，电信业务经营者、银行业金融机构、非银行支付机构、互联网服务提供者对存在涉诈异常的电话卡、银行账户、支付账户、互联网账号，可以通过国家网络身份认证公共服务对用户身份重新进行核验。

第三十四条 公安机关应当会同金融、电信、网信部门组织银行业金融机构、非银行支付机构、电信业务经营者、互联网服务提供者等建立预警劝阻系统，对预警发现的潜在被害人，根据情况及时采取相应劝阻措施。对电信网络诈骗案件应当加强追赃挽损，完善涉案资金处置制度，及时返还被害人的合法财产。对遭受重大生活困难的被害人，符合国家有关救助条件的，有关方面依照规定给予救助。

第三十五条 经国务院反电信网络诈骗工作机制决定或者批准，公安、金融、电信等部门对电信网络诈骗活动严重的特定地区，可以依照国家有关规定采取必要的临时风险防范措施。

第三十六条 对前往电信网络诈骗活动严重地区的人员，出境活动存在重大涉电信网络诈骗活动嫌疑的，移民管理机构可以决定不准其出境。

因从事电信网络诈骗活动受过刑事处罚的人员，设区的市级以上公安机关可以根据犯罪情况和预防再犯罪的需要，决定自处罚完毕之日起六个月至三年以内不准其出境，并通知移民管理机构执行。

第三十七条 国务院公安部门等会同外交部门加强国际执法司法合作，

与有关国家、地区、国际组织建立有效合作机制，通过开展国际警务合作等方式，提升在信息交流、调查取证、侦查抓捕、追赃挽损等方面的合作水平，有效打击遏制跨境电信网络诈骗活动。

第六章　法律责任

第三十八条　组织、策划、实施、参与电信网络诈骗活动或者为电信网络诈骗活动提供帮助，构成犯罪的，依法追究刑事责任。

前款行为尚不构成犯罪的，由公安机关处十日以上十五日以下拘留；没收违法所得，处违法所得一倍以上十倍以下罚款，没有违法所得或者违法所得不足一万元的，处十万元以下罚款。

第三十九条　电信业务经营者违反本法规定，有下列情形之一的，由有关主管部门责令改正，情节较轻的，给予警告、通报批评，或者处五万元以上五十万元以下罚款；情节严重的，处五十万元以上五百万元以下罚款，并可以由有关主管部门责令暂停相关业务、停业整顿、吊销相关业务许可证或者吊销营业执照，对其直接负责的主管人员和其他直接责任人员，处一万元以上二十万元以下罚款：

（一）未落实国家有关规定确定的反电信网络诈骗内部控制机制的；

（二）未履行电话卡、物联网卡实名制登记职责的；

（三）未履行对电话卡、物联网卡的监测识别、监测预警和相关处置职责的；

（四）未对物联网卡用户进行风险评估，或者未限定物联网卡的开通功能、使用场景和适用设备的；

（五）未采取措施对改号电话、虚假主叫或者具有相应功能的非法设备进行监测处置的。

第四十条　银行业金融机构、非银行支付机构违反本法规定，有下列情形之一的，由有关主管部门责令改正，情节较轻的，给予警告、通报批评，或者处五万元以上五十万元以下罚款；情节严重的，处五十万元以上五百万元以下罚款，并可以由有关主管部门责令停止新增业务、缩减业务类型或者业务范围、暂停相关业务、停业整顿、吊销相关业务许可证或者吊销营业执照，对其直接负责的主管人员和其他直接责任人员，处一万元以上二十万元以下罚款：

（一）未落实国家有关规定确定的反电信网络诈骗内部控制机制的；

（二）未履行尽职调查义务和有关风险管理措施的；

（三）未履行对异常账户、可疑交易的风险监测和相关处置义务的；

（四）未按照规定完整、准确传输有关交易信息的。

第四十一条　电信业务经营者、互联网服务提供者违反本法规定，有下列情形之一的，由有关主管部门责令改正，情节较轻的，给予警告、通报批评，或者处五万元以上五十万元以下罚款；情节严重的，处五十万元以上五百万元以下罚款，并可以由有关主管部门责令暂停相关业务、停业整顿、关闭网站或者应用程序、吊销相关业务许可证或者吊销营业执照，对其直接负责的主管人员和其他直接责任人员，处一万元以上二十万元以下罚款：

（一）未落实国家有关规定确定的反电信网络诈骗内部控制机制的；

（二）未履行网络服务实名制职责，或者未对涉案、涉诈电话卡关联注册互联网账号进行核验的；

（三）未按照国家有关规定，核验域名注册、解析信息和互联网协议地址的真实性、准确性，规范域名跳转，或者记录并留存所提供相应服务的日志信息的；

（四）未登记核验移动互联网应用程序开发运营者的真实身份信息或者未核验应用程序的功能、用途，为其提供应用程序封装、分发服务的；

（五）未履行对涉诈互联网账号和应用程序，以及其他电信网络诈骗信息、活动的监测识别和处置义务的；

（六）拒不依法为查处电信网络诈骗犯罪提供技术支持和协助，或者未按规定移送有关违法犯罪线索、风险信息的。

第四十二条　违反本法第十四条、第二十五条第一款规定的，没收违法所得，由公安机关或者有关主管部门处违法所得一倍以上十倍以下罚款，没有违法所得或者违法所得不足五万元的，处五十万元以下罚款；情节严重的，由公安机关并处十五日以下拘留。

第四十三条　违反本法第二十五条第二款规定，由有关主管部门责令改正，情节较轻的，给予警告、通报批评，或者处五万元以上五十万元以下罚款；情节严重的，处五十万元以上五百万元以下罚款，并可以由有关主管部门责令暂停相关业务、停业整顿、关闭网站或者应用程序，对其直接负责的主管人员和其他直接责任人员，处一万元以上二十万元以下罚款。

第四十四条　违反本法第三十一条第一款规定的，没收违法所得，由公安机关处违法所得一倍以上十倍以下罚款，没有违法所得或者违法所得不足二万元的，处二十万元以下罚款；情节严重的，并处十五日以下拘留。

第四十五条　反电信网络诈骗工作有关部门、单位的工作人员滥用职权、玩忽职守、徇私舞弊，或者有其他违反本法规定行为，构成犯罪的，依法追究刑事责任。

第四十六条　组织、策划、实施、参与电信网络诈骗活动或者为电信网络诈骗活动提供相关帮助的违法犯罪人员，除依法承担刑事责任、行政责任以外，造成他人损害的，依照《中华人民共和国民法典》等法律的规定承担民事责任。

电信业务经营者、银行业金融机构、非银行支付机构、互联网服务提供者等违反本法规定，造成他人损害的，依照《中华人民共和国民法典》等法律的规定承担民事责任。

第四十七条　人民检察院在履行反电信网络诈骗职责中，对于侵害国家利益和社会公共利益的行为，可以依法向人民法院提起公益诉讼。

第四十八条 有关单位和个人对依照本法作出的行政处罚和行政强制措施决定不服的，可以依法申请行政复议或者提起行政诉讼。

第七章 附 则

第四十九条 反电信网络诈骗工作涉及的有关管理和责任制度，本法没有规定的，适用《中华人民共和国网络安全法》《中华人民共和国个人信息保护法》《中华人民共和国反洗钱法》等相关法律规定。

第五十条 本法自 2022 年 12 月 1 日起施行。

二、《中华人民共和国个人信息保护法》(节选)

第十条 任何组织、个人不得非法收集、使用、加工、传输他人个人信息，不得非法买卖、提供或者公开他人个人信息；不得从事危害国家安全、公共利益的个人信息处理活动。

第六十六条 违反本法规定处理个人信息，或者处理个人信息未履行本法规定的个人信息保护义务的，由履行个人信息保护职责的部门责令改正，给予警告，没收违法所得，对违法处理个人信息的应用程序，责令暂停或者终止提供服务；拒不改正的，并处一百万元以下罚款；对直接负责的主管人员和其他直接责任人员处一万元以上十万元以下罚款。

有前款规定的违法行为，情节严重的，由省级以上履行个人信息保护职责的部门责令改正，没收违法所得，并处五千万元以下或者上一年度营业额百分之五以下罚款，并可以责令暂停相关业务或者停业整顿、通报有关主管部门吊销相关业务许可或者吊销营业执照；对直接负责的主管人员和其他直接责任人员处十万元以上一百万元以下罚款，并可以决定禁止其在一定期限内担任相关企业的董事、监事、高级管理人员和个人信息保护负责人。

第七十条 个人信息处理者违反本法规定处理个人信息，侵害众多个人的权益的，人民检察院、法律规定的消费者组织和由国家网信部门确定的组织可以依法向人民法院提起诉讼。

第七十一条 违反本法规定，构成违反治安管理行为的，依法给予治安管理处罚；构成犯罪的，依法追究刑事责任。

三、《中华人民共和国网络安全法》（节选）

第四十四条 任何个人和组织不得窃取或者以其他非法方式获取个人信息，不得非法出售或者非法向他人提供个人信息。

第四十六条 任何个人和组织应当对其使用网络的行为负责，不得设立用于实施诈骗，传授犯罪方法、制作或者销售违禁物品、管制物品等违法犯罪活动的网站、通讯群组，不得利用网络发布涉及实施诈骗，制作或者销售违禁物品、管制物品以及其他违法犯罪活动的信息。

第六十四条 网络运营者、网络产品或者服务的提供者违反本法第二十二条第三款、第四十一条至第四十三条规定，侵害个人信息依法得到保护的权利的，由有关主管部门责令改正，可以根据情节单处或者并处警告、没收违法所得、处违法所得一倍以上十倍以下罚款，没有违法所得的，处一百万元以下罚款，对直接负责的主管人员和其他直接责任人员处一万元以上十万元以下罚款；情节严重的，并可以责令暂停相关业务、停业整顿、关闭网站、吊销相关业务许可证或者吊销营业执照。

违反本法第四十四条规定，窃取或者以其他非法方式获取、非法出售或者非法向他人提供个人信息，尚不构成犯罪的，由公安机关没收违法所得，并处违法所得一倍以上十倍以下罚款，没有违法所得的，处一百万元以下罚款。

第六十七条 违反本法第四十六条规定，设立用于实施违法犯罪活动的网站、通讯群组，或者利用网络发布涉及实施违法犯罪活动的信息，尚不构成犯罪的，由公安机关处五日以下拘留，可以并处一万元以上十万元以下罚款；情节较重的，处五日以上十五日以下拘留，可以并处五万元以上五十万元以下罚款。关闭用于实施违法犯罪活动的网站、通讯群组。

第二节　电信网络诈骗涉及的罪名

一、诈骗罪

《中华人民共和国刑法》（以下简称《刑法》）第二百六十六条规定：诈骗公私财物，数额较大的，处三年以下有期徒刑、拘役或者管制，并处或者单处罚金；数额巨大或者有其他严重情节的，处三年以上十年以下有期徒刑，并处罚金；数额特别巨大或者有其他特别严重情节的，处十年以上有期徒刑或者无期徒刑，并处罚金或者没收财产。

根据《最高人民法院、最高人民检察院关于办理诈骗刑事案件具体应用法律若干问题的解释》的规定，利用电信网络技术手段实施诈骗，诈骗公私财物价值三千元以上、三万元以上、五十万元以上的，应当分别认定为刑法第二百六十六条规定的"数额较大"、"数额巨大"、"数额特别巨大"。

诈骗公私财物达到本解释第一条规定的数额标准，具有下列情形之一的，可以依照刑法第二百六十六条的规定酌情从严惩处：

（一）通过发送短信、拨打电话或者利用互联网、广播电视、报刊杂志等发布虚假信息，对不特定多数人实施诈骗的；

（二）诈骗救灾、抢险、防汛、优抚、扶贫、移民、救济、医疗款物的；

（三）以赈灾募捐名义实施诈骗的；

（四）诈骗残疾人、老年人或者丧失劳动能力人的财物的；

（五）造成被害人自杀、精神失常或者其他严重后果的。

诈骗数额接近本解释第一条规定的"数额巨大"、"数额特别巨大"的标准，并具有前款规定的情形之一或者属于诈骗集团首要分子的，应当分别认定为刑法第二百六十六条规定的"其他严重情节"、"其他特别严重情节"。

诈骗未遂，以数额巨大的财物为诈骗目标的，或者具有其他严重情节的，应当定罪处罚。

利用发送短信、拨打电话、互联网等电信技术手段对不特定多数人实施诈骗，诈骗数额难以查证，但具有下列情形之一的，应当认定为刑法第二百六十六条规定的"其他严重情节"，以诈骗罪（未遂）定罪处罚：

（一）发送诈骗信息五千条以上的；

（二）拨打诈骗电话五百人次以上的；

（三）诈骗手段恶劣、危害严重的。

实施前款规定行为，数量达到前款第（一）、（二）项规定标准十倍以上的，或者诈骗手段特别恶劣、危害特别严重的，应当认定为刑法第二百六十六条规定的"其他特别严重情节"，以诈骗罪（未遂）定罪处罚。

诈骗既有既遂，又有未遂，分别达到不同量刑幅度的，依照处罚较重的规定处罚；达到同一量刑幅度的，以诈骗罪既遂处罚。

二、招摇撞骗罪

《刑法》第二百七十九条规定：冒充国家机关工作人员招摇撞骗的，处三年以下有期徒刑、拘役、管制或者剥夺政治权利；情节严重的，处三年以上十年以下有期徒刑。

冒充人民警察招摇撞骗的，依照前款的规定从重处罚。

根据《最高人民法院、最高人民检察院关于办理诈骗刑事案件具体应用法律若干问题的解释》的规定，冒充国家机关工作人员进行诈骗，同时构成诈骗罪和招摇撞骗罪的，依照处罚较重的规定定罪处罚。

三、侵犯公民个人信息罪

《刑法》第二百五十三条规定：违反国家有关规定，向他人出售或者提供公民个人信息，情节严重的，处三年以下有期徒刑或者拘役，并处或者单处罚金；情节特别严重的，处三年以上七年以下有期徒刑，并处罚金。

违反国家有关规定，将在履行职责或者提供服务过程中获得的公民个人信息，出售或者提供给他人的，依照前款的规定从重处罚。

窃取或者以其他方法非法获取公民个人信息的，依照第一款的规定处罚。

《最高人民法院、最高人民检察院关于办理侵犯公民个人信息刑事案件适用法律若干问题的解释》第五条规定：非法获取、出售或者提供公民个人信息，具有下列情形之一的，应当认定为刑法第二百五十三条之一规定的"情节严重"：

（一）出售或者提供行踪轨迹信息，被他人用于犯罪的；

（二）知道或者应当知道他人利用公民个人信息实施犯罪，向其出售或者提供的；

（三）非法获取、出售或者提供行踪轨迹信息、通信内容、征信信息、财产信息五十条以上的；

（四）非法获取、出售或者提供住宿信息、通信记录、健康生理信息、交易信息等其他可能影响人身、财产安全的公民个人信息五百条以上的；

（五）非法获取、出售或者提供第三项、第四项规定以外的公民个人信息五千条以上的；

（六）数量未达到第三项至第五项规定标准，但是按相应比例合计达到有关数量标准的；

（七）违法所得五千元以上的；

（八）将在履行职责或者提供服务过程中获得的公民个人信息出售或者提供给他人，数量或者数额达到第三项至第七项规定标准一半以上的；

（九）曾因侵犯公民个人信息受过刑事处罚或者二年内受过行政处罚，又非法获取、出售或者提供公民个人信息的；

（十）其他情节严重的情形。

实施前款规定的行为，具有下列情形之一的，应当认定为刑法第二百五十三条之一第一款规定的"情节特别严重"：

（一）造成被害人死亡、重伤、精神失常或者被绑架等严重后果的；

（二）造成重大经济损失或者恶劣社会影响的；

（三）数量或者数额达到前款第三项至第八项规定标准十倍以上的；

（四）其他情节特别严重的情形。

四、非法利用信息网络罪

《刑法》第二百八十七条之一规定：利用信息网络实施下列行为之一，情节严重的，处三年以下有期徒刑或者拘役，并处或者单处罚金：

（一）设立用于实施诈骗、传授犯罪方法、制作或者销售违禁物品、管制物品等违法犯罪活动的网站、通讯群组的；

（二）发布有关制作或者销售毒品、枪支、淫秽物品等违禁物品、管制物品或者其他违法犯罪信息的；

（三）为实施诈骗等违法犯罪活动发布信息的。

单位犯前款罪的，对单位判处罚金，并对其直接负责的主管人员和其他直接责任人员，依照第一款的规定处罚。

有前两款行为，同时构成其他犯罪的，依照处罚较重的规定定罪处罚。

《最高人民法院、最高人民检察院关于办理非法利用信息网络、帮助信息网络犯罪活动等刑事案件适用法律若干问题的解释》第十条规定，非法利用信息网络，具有下列情形之一的，应当认定为"情节严重"：

（1）假冒国家机关、金融机构名义，设立用于实施违法犯罪活动的网站的；

（2）设立用于实施违法犯罪活动的网站，数量达到三个以上或者注册账号数累计达到二千以上的；

（3）设立用于实施违法犯罪活动的通讯群组，数量达到五个以上或者群组成员账号数累计达到一千以上的；

（4）发布有关违法犯罪的信息或者为实施违法犯罪活动发布信息，具有下列情形之一的：

1. 在网站上发布有关信息一百条以上的；

2. 向二千个以上用户账号发送有关信息的；

3. 向群组成员数累计达到三千以上的通讯群组发送有关信息的；

4. 利用关注人员账号数累计达到三万以上的社交网络传播有关信息的；

（5）违法所得一万元以上的；

（6）二年内曾因非法利用信息网络、帮助信息网络犯罪活动、危害计算机信息系统安全受过行政处罚，又非法利用信息网络的；

（7）其他情节严重的情形。

五、扰乱无线电通讯管理秩序罪

《刑法》第二百八十八条规定：违反国家规定，擅自设置、使用无线电台（站），或者擅自使用无线电频率，干扰无线电通讯秩序，情节严重的，处三年以下有期徒刑、拘役或者管制，并处或者单处罚金；情节特别严重的，处三年以上七年以下有期徒刑，并处罚金。

六、掩饰、隐瞒犯罪所得、犯罪所得收益罪

《刑法》第三百一十二条规定：明知是犯罪所得及其产生的收益而予以窝藏、转移、收购、代为销售或者以其他方法掩饰、隐瞒的，处三年以下有期徒刑、拘役或者管制，并处或者单处罚金；情节严重的，处三年以上七年以下有期徒刑，并处罚金。

《最高人民法院 最高人民检察院 公安部关于办理电信网络诈骗等刑事案件适用法律若干问题的意见》第三条规定，对明知是电信网络诈骗犯罪所得及其产生的收益，有以下列方式之一予以转账、套现、取现的，以掩饰、隐瞒犯罪所得，犯罪所得收益罪追究刑事责任。但有证据证明确实不知道的除外：

1．通过使用销售点终端机具（POS 机）刷卡套现等非法途径，协助转换或者转移财物的；

2．帮助他人将巨额现金散存于多个银行账户，或在不同银行账户之间频繁划转的；

3．多次使用或者使用多个非本人身份证明开设的信用卡、资金支付结算账户或者多次采用遮蔽摄像头、伪装等异常手段，帮助他人转账、套现、取现的；

4．为他人提供非本人身份证明开设的信用卡、资金支付结算账户后，又帮助他人转账、套现、取现的；

5．以明显异于市场的价格，通过手机充值、交易游戏点卡等方式套现的。

实施上述行为，事前通谋的，以共同犯罪论处。

实施上述行为，电信网络诈骗犯罪嫌疑人尚未到案或案件尚未依法裁判，但现有证据足以证明该犯罪行为确实存在的，不影响掩饰、隐瞒犯罪所得、犯罪所得收益罪的认定。

实施上述行为，同时构成其他犯罪的，依照处罚较重的规定定罪处罚。法律和司法解释另有规定的除外。

七、帮助信息网络犯罪活动罪

《刑法》第二百八十七条之二规定：明知他人利用信息网络实施犯罪，为其犯罪提供互联网接入、服务器托管、网络存储、通讯传输等技术支持，或者提供广告推广、支付结算等帮助，情节严重的，处三年以下有期徒刑或者拘役，并处或者单处罚金。

《最高人民法院、最高人民检察院关于办理非法利用信息网络、帮助信息网络犯罪活动等刑事案件适用法律若干问题的解释》第十一条规定：为他人实施犯罪提供技术支持或者帮助，具有下列情形之一的，可以认定行为人明知他人利用信息网络实施犯罪，但是有相反证据的除外：

（一）经监管部门告知后仍然实施有关行为的；

（二）接到举报后不履行法定管理职责的；

（三）交易价格或者方式明显异常的；

（四）提供专门用于违法犯罪的程序、工具或者其他技术支持、帮助的；

（五）频繁采用隐蔽上网、加密通信、销毁数据等措施或者使用虚假身份，逃避监管或者规避调查的；

（六）为他人逃避监管或者规避调查提供技术支持、帮助的；

（七）其他足以认定行为人明知的情形。

第十二条 明知他人利用信息网络实施犯罪，为其犯罪提供帮助，具有下列情形之一的，应当认定为刑法第二百八十七条之二第一款规定的"情节严重"：

（一）为三个以上对象提供帮助的；

（二）支付结算金额二十万元以上的；

（三）以投放广告等方式提供资金五万元以上的；

（四）违法所得一万元以上的；

（五）二年内曾因非法利用信息网络、帮助信息网络犯罪活动、危害计算机信息系统安全受过行政处罚，又帮助信息网络犯罪活动的；

（六）被帮助对象实施的犯罪造成严重后果的；

（七）其他情节严重的情形。

实施前款规定的行为，确因客观条件限制无法查证被帮助对象是否达到犯罪的程度，但相关数额总计达到前款第二项至第四项规定标准五倍以上，或者造成特别严重后果的，应当以帮助信息网络犯罪活动罪追究行为人的刑事责任。